벌거벗은
한국사 조선편

500년 역사가 눈앞에 펼쳐지는 스토리텔링 조선사

벌거벗은 한국사

조선편

tvN STORY 〈벌거벗은 한국사〉 제작팀 지음

프런트페이지
FRONTPAGE

특별한 여행을
함께 떠나볼까요

여행을 떠나볼까요?

반만년 우리 역사의 수많은 장면들.

그중 가장 매력적인 '스토리'가 있는

과거 어느 순간이 우리의 목적지입니다.

여러분은 언제, 어디로 떠나 누구를 만나고 싶으신가요?

저희의 고민도 여기서 시작됐습니다.

우리 역사의 어느 시점으로 돌아갈 수 있다면

과연 어디로 떠날 것인가?

어떤 인물의, 무슨 이야기를 들을 것인가?

답을 내리기는 생각보다 어려웠습니다.
분명 학교 수업시간에 배웠던 것 같은데
머릿속에 '스토리'는 없이 연도, 사건, 인물 같은
단편적인 정보들만 떠올랐기 때문입니다.

그래서 저희는 생각했습니다.
'우리 역사의 장면들이 오랫동안 기억되도록
쉽고 친절하게 흥미로운 스토리로 엮어 보여드리자.'
그리고 히스토리텔러 최태성 선생님과 뜻을 모았습니다.
우리 역사 스토리텔링쇼 〈벌거벗은 한국사〉는
그렇게 태어났습니다.

누구나 부담 없이 즐길 수 있는 스토리 한국사.
이제 준비는 끝났습니다.
펜과 노트는 잠시 내려놓고
홀가분한 마음으로 한국사 여행을 떠나보실까요?

tvN STORY 〈벌거벗은 한국사〉 제작팀

500년 조선사의 결정적 장면을
만나는 시간

한국인이 가장 재미있어하는 시대는 언제일까요?

또 한국인에게 가장 익숙한 시대는 언제일까요?

바로 '조선' 시대입니다.

조선은 왜 이렇게 우리에게 익숙하고 또 흥미로울까요?

시기적으로 가장 가깝고 풍성한 기록을 보유했기 때문입니다.

그러나 한편으로는 무너진 과정 또한 잘 알려져 있기에

조선이라는 나라가 형편없는 나라라는 인식도 있습니다.

정말 그럴까요?

우리의 생각처럼 자주 싸우면서, 백성에게 고통을 주기만 했다면

조선이라는 나라가 500여 년을 버틸 수 있었을까요?

중국 왕조만 보아도 조선보다 오래 유지된 왕조는 없습니다.
이는 조선이 나름의 시스템을 갖추고 있었다는 의미기도 합니다.
국가로서 튼튼한 시스템이 작동되었기에
500년이라는 시간을 버텨낼 수 있었던 것이죠.

하지만 사람도 건강한 몸을 영원히 유지할 수는 없습니다.
인생의 마지막 지점에 가서는 여기저기 몸이 고장 나고
더 이상 삶을 유지하기 어려운 지경에 이르죠.
역사도 마찬가지입니다.
건강한 시스템이 작동되던 조선도 말기에 이르러서는
산소호흡기를 끼고 가쁜 숨을 몰아쉬다 결국 사라지게 된 거예요.
이 마지막 부분만을 보고 조선에 대한 선입견을 지니면
조선 왕조 500년을 제대로 이해할 수 없습니다.

1392년 태조 이성계가 고려를 무너뜨리고 조선을 연 그때부터
1910년 경술국치까지,
파란만장한 조선의 이야기가 여러분을 기다리고 있습니다.
지금부터 이야기 보물 창고 조선으로 역사 여행을 떠나보시죠!

큰별쌤 최태성

| 차례 |

1부

조선 전기: 새나라의 건국,
조선 왕권 강화기

1장

벌거벗은
명재상

이규철(성신여자대학교 사학과 교수)

조선 왕들의 마음을 사로잡은
최장수 재상 황희

조선 시대의 한 정승과 관련한 유명한 설화가 있습니다. 어느 날 이 정승 집의 여종들끼리 다툼을 벌였다고 합니다. 시비를 가리기 위해 한 사람이 정승에게 가서 자신이 옳다고 주장했습니다. 이야기를 들은 정승은 "네 말이 옳다" 하고 답했고요. 그러자 이를 지켜보고 있던 다른 사람이 달려와 자신의 억울함을 하소연했습니다. 이야기를 들은 정승은 이번에도 "네 말이 옳다" 하고 답했습니다. 이 모습을 지켜보던 정승의 부인이 "대감께서 시비를 가려주셔야지 두 아이의 말 모두 옳다 하면 어쩌십니까" 하고 말하자 정승은 "부인 말도 옳소" 하고 대답했지요.

한 번쯤 들어 본 기억이 있는 설화지요? 이 설화의 주인공이 바로 우리가 흔히 황희 정승이라 부르는 조선의 명재상 황희입니다. 어릴 때부터 동네에 소문이 자자할 정도로 총명함이 남달랐던 그는 지금의 중학생 나이인 불과 열네 살에 관직자로서의 삶을 시작해 죽을 때까지 나라를 위해 일했습니다.

이런 그에게 흥미로운 기록이 또 하나 있습니다. 바로 '사직'에 관한 기록입니다.

'사직을 청하니 다시 일을 보라고 명하였다.'

'사직을 청하는 전을 올렸으나 돌려보내다.'

'사직을 청하였으나 윤허하지 않다.'

'고령을 이유로 사직을 청하자 허락하지 않다.'

'쇠함으로 사직하기를 청하니 이를 허락하지 않다.'

'사직을 반대하다.'

《조선왕조실록》에 따르면 그는 왕에게 여러 번 사직을 청했습니다. 하지만 그때마다 조선의 왕들은 번번이 퇴짜를 놓았지요. 황희는 왜 이토록 간절하고 끈질기게 사직을 바랐을까요? 그리고 왕은 무슨 이유로 매번 이를 거절했을까요?

결국, 무려 87세까지 일하며 조선 역사상 최장기 재상으로 남은 황희. 조선 초기 네 명의 조선 왕을 보좌하며 세종 대의 성세를 이룩하는 데 기여했다고 평가받는 그의 삶을 지금부터 벗겨보겠습니다.

고려의 관리에서
조선의 관리로

황희가 관직자로서의 삶을 시작한 때는 열네 살. 어떻게 그렇게 어린 나이에 관직 생활을 시작할 수 있었을까요? 우리는 흔히 그를 조선의 관리로 기억하지만 그가 처음 관직에 올랐을 때는 고려 제32대 왕 우왕이 다스리던 고려 시대였습니다. 고려에는 5품 이상 관리의 자제에게 과거시험을 치르지 않아도 관직에 나갈 수 있도록 혜택을 주는 음서陰敍 제도가 있었는데요. 황희는 이 음서라는 혜택을 통해서 관직 생활을 시작했습니다.

그렇다고 그가 능력이 없었던 것은 아닙니다. 어릴 때부터 유교 경전을 밤낮으로 읽어서 달달 외울 정도였고 한 번 읽은 글은 잊지 않았다고 해요. 스물일곱 살에 과거에도 급제했지요. 과거 급제 후에는 개경에서 성균관 생도들을 가르치는 성균관 학관이 되어 품계도 없었던 말단직에서 품계도 얻고 더 높은 직급으로 새 출발을 할 수 있었습니다.

그런데 황희의 새로운 행보는 3년

황희 초상 한국민족문화대백과사전 제공

만에 그가 실직자가 되면서 막을 내리고 말았습니다. 대체 무슨 일이 있었던 것일까요? 관직자 황희의 직장이었던 고려 조정이 한순간에 사라졌기 때문입니다. 1392년, 고려가 망하고 새로운 왕조의 나라 조선이 건국한 것입니다. 역사가 뒤바뀐 엄청난 사건이었지요. 왕명을 받고 요동을 정벌하러 떠났던 고려의 장군 이성계는 위화도에서 이를 어기고 말머리를 돌려 개경으로 회군해 우왕을 폐위합니다. 그리고는 우왕의 아들인 창왕이 즉위했지요. 실권을 장악한 이성계는 신진사대부들과 함께 새로운 기틀을 마련해나갔고, 마침내 왕위에 올랐습니다. 500년을 이어갈 새로운 왕조 조선이 탄생한 것입니다.

조선이 개국한 지 얼마 지나지 않아 조선 제1대 왕 태조가 그를 찾았지요. 태조는 황희가 똑똑하고, 행실도 단정한 사람이라며 직접 황희를 조선의 관리로 임명했어요. 요즘에도 회사에서 일을 잘하는 사람은 다른 부서에 소문도 나고, 다른 회사에서 채용 제안도 받듯이 황희도 그런 인정을 받았던 듯합니다. 태조 또한 나라의 기반을 닦는 시기이니 일 잘하는 사람이 많이 필요했을 테고, 인재로 소문난 황희를 관리로 쓰고 싶었겠지요.

그렇게 황희는 고려의 우왕, 창왕, 공양왕에 이어 조선의 왕 태조를 네 번째 왕으로 모시게 되었습니다. 그리고 이전처럼 성균관 생도를 가르치는 성균관 학관으로 복직했고 그해에 조선의 왕세자 교육을 담당하는 관리인 정7품 세자 우정자로 임명되었어요. 3년

후에는 왕이 옳지 못한 일을 할 때 바로 잡을 수 있도록 옆에서 보좌하며 간언을 올리는 정6품 문하부 우습유로 임명되었습니다. 태조가 듣던 대로 황희는 특출나게 일을 잘하는 관리였기에 승진을 거듭하며 조선 조정에서 일 잘하는 신하로 자리매김했습니다.

그리고 황희가 서른아홉 살이 됐을 때 그의 인생에 가장 큰 변화를 준 인물이 조선의 왕으로 등극합니다. 바로 조선 제3대 왕 태종 이방원이었습니다.

조선 태조 이성계 어진 어진박물관 소장

태종의 신임을 받아
중앙 정계의 핵심이 되다

황희가 마흔세 살이 되던 1405년, 그의 관직 인생을 확 바꾼 사건이 벌어집니다.

"조정의 신하 중에는 마땅한 자가 없습니다. 다만, 황희가 참으로
적합한 인물입니다."

성현, 《용재총화》

조선 전기 학자 성현이 쓴《용재총화》에 등장한 내용입니다. 누
군가가 어떤 자리에 황희를 추천했음을 알 수 있는데요. 그 자리는
지금의 대통령 비서실장과 같은 역할인 지신사知申事였습니다. 지신
사는 왕명의 전달을 담당한 정3품의 벼슬로 가장 가까이에서 왕을
보필하는 역할을 맡기에 무엇보다 왕의 신임이 두터워야 했지요.
사태를 꿰뚫어 보는 통찰력이 필요할 뿐 아니라 왕의 심기를 잘 파
악하는 건 물론이고 문제가 일어났을 때, 그 원인을 알아내서 왕이
잘 해결할 수 있도록 도와야 했습니다.

황희는 지신사로 임명된 이후 정국을 결정하는 일에 깊이 관여
하게 됩니다. 능력과 인품을 인정받고 태종과 제일 먼저 의견을 나
누는 신하가 된 것입니다. 지신사는 국정의 핵심적인 일을 왕과 의
논하다 보니 어떤 이야기든 새어나가지 않게 입이 무거워야 했어
요. 그래서인지 당시 실록을 보면 황희의 행적에 대한 기록이 많지
않습니다. 이는 황희가 지신사로서 일을 잘했고, 비밀을 잘 지켰다
는 증거이기도 합니다.

태종이 일찍이 말하기를, "이 일은 나와 경卿만이 홀로 알고 있으니,

만약 누설된다면 경이 아니면 곧 내가 한 짓이다" 하였다.

《문종실록》 12권, 문종 2년(1452) 2월 8일 '영의정부사 황희의 졸기'

그런데 1408년 어느 날, 한 관리가 황희를 찾아와서 노발대발 화를 냈습니다. 자신이 관직에 채용되지 못한 것이 황희가 인사 비리를 저질렀기 때문이 아니냐며 따진 것이었어요. 새로운 관리를 뽑을 때 태종은 종종 지신사였던 황희에게 의견을 묻고 결정했기에 황희는 원치 않은 논란에 휘말리게 되었고 결국 태종에게 사직을 요청합니다.

황희의 첫 사직 요청을 받은 태종은 어떻게 했을까요? 오히려 황희에게 의혹을 제기한 관리를 해고했습니다. 아무리 황희가 일을 도왔다곤 하지만 최종 결정권자는 바로 왕인 태종입니다. 태종은 자신의 명령을 업신여긴 것이라며 그 관리를 내쫓았고 황희는 하던 일을 계속할 수 있게 했지요.

왕의 옆에서 행정, 인사까지 모두 관여했던 황희에게는 정치적으로 대립한 이들이 많았습니다. 그들은 황희가 하지도 않은 일을 꾸며내기도 했어요. 당시 황희가 뇌물을 밝혀 '황금 대사헌'이라 불렸다는 기록이 있지만 후대 대신들은 황희는 그런 사람이 아니라고 이야기하며 근거 없는 헛소문이라고 주장했습니다. 오히려 기록을 남긴 사관이 문제가 많은 인물이었으며, 다른 사초에 비해 황희의 나쁜 이야기를 적은 사초만 유독 종이가 희다며 나중에 끼운 것이라는 증언도 있었어요.

이 사건 이후 놀랍게도 태종은 오히려 황희에게 더 많은 권한을 주려고 했습니다. 그 신뢰를 증명하듯, 황희는 사직을 요청한 다음 해에 형조판서 자리에 올랐어요. 형조刑曹는 여섯 개의 핵심 관청 '육조六曹' 중 하나로 법무부처럼 법률·소송·벌을 총괄하는 곳이었습니다. 육조에는 형조 외에도 지금의 국방부처럼 군사 업무를 총괄한 병조兵曹, 인사혁신처처럼 관리의 등용·승진·좌천을 총괄한 이조吏曹, 문화체육관광부와 교육부처럼 나라의 큰 행사와 과거시험을 총괄한 예조禮曹, 국토교통부처럼 토목공사를 총괄한 공조工曹, 기획재정부처럼 인구·세금·곡식을 관장하며 나라의 돈을 관리한 호조戶曹가 있었고, 이들을 통칭해 육조라고 불렀지요.

육조는 지금도 많은 시민이 찾는 광화문 광장에 모여 마주 보고 있어요. 그래서 조선 시대에는 광화문 광장을 육조 거리라고 불렀습니다. 그리고 이 여섯 관청의 우두머리를 판서라고 했지요. 지금의 장관급이라고 생각하면 됩니다.

태종이 황희에게 준 자리는 형조판서, 지금으로 치면 법무부 장관에 임명한 것이나 다름없었습니다. 그런데 황희는 형조판서만 거친 것이 아니었습니다. 1409년에 형조판서에 임명된 이후 1411년에는 병조판서, 1413년에는 예조판서, 1415년에는 이조판서와 호조판서, 1416년에는 공조판서까지! 지신사로 발탁된 지 약 10년 만에 육조 판서를 두루 역임합니다. 태종은 황희를 자신의 심복처

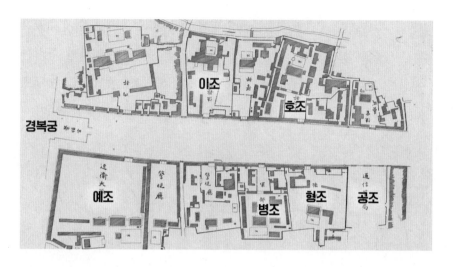

육조 경복궁 광화문 앞 대로의 좌우에 관청들이 들어서면서 육조거리가 조성되었다. 위의 그림은 〈광화문외제관아실측평면도光化門外諸官衙實測平面圖〉(1908년 제작 추정)로, 이를 활용하여 조선 시대 관청 배치를 설명한 것이다. 국가기록원 제공.

럼 의지하며 국가 전 분야의 높은 관직을 두루 거치게 했어요. 황희라면 어떤 일이든 훌륭히 수행할 것이라 믿었기 때문이지요. 이로써 황희는 국가 전반에 걸쳐 조선 조정의 모든 상황을 꿰뚫고 있는 대체 불가한 관리가 되었습니다.

태종의 신임을 받고 국가 행정기관인 육조의 최고위직을 모두 맡은 황희! 태종은 심지어 이렇게까지 말했습니다.

"내가 죽는 날에 황희가 따라 죽기를 원한다."

얼마나 황희를 애지중지 아꼈길래 죽어서도 함께하겠다는 걸까요. 황희는 육조의 판서직을 모두 거치다 보니 조정에서 영향력이 컸습니다. 웬만한 신하들은 황희에게 반대되는 의견을 쉽게 내놓지 못할 정도였지요. 태종이 신하들과 의견 차이로 부딪치면, 황희는 그사이에서 태종의 뜻이 전해지도록 의견을 조율했어요. 그 누구보다도 태종의 마음을 잘 간파했고, 빈틈없이 국정을 운영했습니다.

양녕대군 때문에
시작된 유배 생활

그런데 1416년, 황희가 태종과 정반대의 의견을 내며 정치적으로 정면충돌하는 일이 벌어집니다. 이 사건으로 황희는 인생 최대의 시련을 겪게 되지요. 바로 태종의 첫째 아들이자 세자 양녕대군 때문이었습니다. 당시 왕이었던 태종 이방원은 왕자의 난을 일으키고 왕위에 오른 인물입니다. 자신의 아버지인 태조 이성계가 막내 이복동생을 세자로 책봉하자 이에 반발해 난을 일으켰지요. 세자를 포함한 이복동생들을 살해하고, 이러한 후계자 책봉에 힘을 보탠 아버지의 브레인 정도전도 제거해 버립니다. 조선 개국에 큰 공을 세운 장성한 아들들이 있는데도 적장자 계승 원칙을 무시하고 후계자를 선정한 것이 잘못되었다는 이유에서였습니다.

그래서일까요? 태종은 일찍이 후계자로 정실부인이 낳은 맏아들, 적장자 양녕대군을 점찍어 두었습니다. 자신의 후계자만큼은 정상적인 절차로 왕위를 물려받아 왕실을 안정시키길 바랐기 때문이었을 것입니다. 이러한 아버지 태종의 전폭적인 지지를 받으며 양녕대군은 왕세자로 책봉되었어요.

하지만 그는 아버지의 기대를 충족시키지 못했습니다. 공부도 열심히 하지 않았고, 밤마다 궁 밖으로 나가 방탕한 짓을 저질렀지요. 장차 왕이 될 세자의 비행을 알게 된 태종은 걱정도 되고 화도 났습니다. 그러나 계속해서 황희는 양녕대군의 실수를 감싸 주기만 했습니다. "세자의 나이가 어려서 그러니 너무 노여워 마시지요" 하면서요.

황희의 말을 들은 태종은 양녕대군의 처분을 미뤘지만 이후 양녕대군의 행동은 달라지지 않았지요. 아니, 더 나빠졌습니다. 끝내 양녕대군이 신하의 첩을 몰래 궁궐에 들이고 임신까지 시킨 사실이 드러나자 태종은 분노를 감출 수 없었습니다. 조선은 유교 윤리를 통치 이념으로 삼은 나라인데, 백성들에게 본보기가 되어야 할 왕이 남편이 있는 여성과 사통을 했으니 중죄를 저지른 셈이었거든요. 하지만 양녕대군에 대한 황희의 믿음은 여전히 확고했습니다. 결국, 참다못한 태종은 황희를 불러 말합니다.

"오랫동안 나를 섬겨서 내 마음을 잘 안다고 생각했다. 항상 나를 위해 목숨을 바치리라 생각했는데 대체 왜 이러는 것인가!"

그리고 이렇게 덧붙입니다.

"혹시 세자에게 아부하려는 것인가?"

세자인 양녕대군이 왕의 자리에 오르게 될 테니 황희가 미리 아부한다고 의심한 것입니다. 그게 아니고서는 황희의 행동을 도무지 이해할 수 없었던 것이지요. 황희에게 강한 불신을 품게 된 태종! 이 말을 들은 황희는 과연 뭐라고 답했을까요?

> "신의 얼굴이 붉어지고 줄줄 눈물이 납니다. (⋯) 무슨 마음으로 전하를 저버리고 세자에게 아부하겠습니까? 불행하게 신의 말이 성상의 마음에 위배되었습니다."
>
> 《태종실록》 35권, 태종 18년(1418) 5월 11일

안타깝게도 태종은 황희의 말을 믿지 않았습니다. 끈끈했던 황희와 태종 사이는 양녕대군 문제로 와장창 깨져버립니다. 급기야 태종은 황희를 멀리 남원으로 유배를 보내기까지 했어요. 이것이 끝이 아니었습니다. 황희의 지위를 모두 빼앗아 평민으로 만들고 심지어 황희의 자손들을 관리로 쓰지 못하도록 명령했습니다. 그리고 몇 년이 지나도록 황희를 다시 부르지 않아 황희는 유배 후 오랜 시간 동안 중앙 정계로 돌아오지 못했습니다.

도대체 황희는 왜 유배를 당할 정도로 양녕대군을 감쌌을까요? 황희 역시 왕자의 난을 경험했기 때문입니다. 왕자들이 왕위를 놓고 서로에게 칼을 겨누는 모습을 지켜봤던 황희는 적장자 승계 원칙을 따라야 국정의 평화를 지킬 수 있다고 생각한 게 아닐까요?

그리고 아마 양녕대군의 비행을 교육으로 고칠 수 있다고 판단했겠지요. 하지만 태종은 이미 결정을 내린 뒤였습니다. 양녕대군을 폐하겠다고 마음을 정한 상황에서 황희가 자신의 말에 동의하지 않고 원칙을 내세우니 화가 났고 오해의 골이 깊어질 수밖에 없었습니다.

황희의 유배 흔적은 지금도 남원에 남아 있습니다. 바로 남원의 명소이자 호남 최고의 누각이라 불리는 광한루廣寒樓입니다.《춘향전》의 배경지로도 유명한 이 광한루는 황희가 지은 것입니다. 비

남원 광한루 전경 누樓란 사방을 트고 마루를 한층 높여 자연과 어우러져 쉴 수 있도록 경치 좋은 곳에 지은 건물을 말한다. 광한루는 밀양 영남루, 진주 촉석루와 함께 우리나라 3대 누각으로 불린다. 문화재청 제공.

록 유배를 떠난 상황이었지만 남원에서 황희의 주변은 늘 시끌벅적했습니다. 황희가 남원에 왔다는 소식이 퍼지자 여기저기서 황희를 찾아오는 사람들이 문전성시를 이루었던 것이지요. 황희처럼 높은 관직을 지낸 관리는 유배를 가도 여전히 중앙 정계에서 입김이 셌기에 이때다 싶어 연줄을 대려는 사람들도 줄을 서서 찾아왔습니다.

하지만 황희는 그들을 일절 만나주지 않았습니다. 만약 황희가 유배지에서 사람들을 만난다는 소식이 태종의 귀에 들어가면 딴 마음을 품고 있다고 의심받거나 태종의 심기를 거스를 수도 있었기 때문입니다. 황희는 유배지에서도 온몸으로 자신에게는 다른 뜻이 없음을 보여 주었습니다. 그리고 속죄하는 마음으로 유배 생활을 이어갔어요.

왕이 된 세종
4년 만에 황희를 부르다

황희가 유배된 1418년, 결국 태종은 조선 왕조 최초의 적장자 세자인 양녕대군을 폐위합니다. 그리고 셋째 아들 충녕대군을 세자로 책봉했어요. 충녕대군은 공부도 열심히 하고 인품도 매우 훌륭한 인물이었습니다. 세자 책봉 두 달 뒤, 태종은 세자에게 왕위를 물려주며 상왕으로 물러났습니다. 이에 따라 세자였던 충녕대군이 왕으로 즉위했지요. 이 인물이 바로 조선의 성군으로 일컬어지는 제4대 왕, 세종입니다.

세종이 즉위한 뒤에도 황희는 여전히 유배 중이었습니다. 어느덧 4년이 흘렀지만 황희는 여전히 사람을 만나지 않고 바깥세상과 단절된 생활을 하고 있었어요. 그런데 찾아오는 손님마다 내치던 황희가 누군가를 만나더니 부랴부랴 짐을 쌌습니다.

> "황희를 남원에서 불러 돌아오게 하였다."
>
> 《세종실록》15권, 세종 4년(1422) 2월 12일

세종이 황희를 조정으로 불러들인 것입니다. 세종은 왜 황희를 불렀을까요? 그 배경에는 역시나 태종이 있었습니다. 황희를 직접 유배 보낸 태종이 세종에게 황희를 추천했기에 황희는 조정으로 돌아올 수 있었습니다.

태종은 황희를 믿고 의지했던 만큼 실망감이 컸던 것은 사실입니다. 하지만 황희를 유배 보낸 후에도 유배지로 사람을 보내 황희의 소식을 남몰래 전해 듣고 있었어요. 그런데 황희가 자신을 원망하기는커녕 깊이 후회하며 근신하고 있다는 소식을 듣고 황희의 진심을 알게 되었고 오해도 풀게 되었지요.

황희가 유배당한 지 4년이나 흐른 때였고 다른 신하도 많이 있

었을 텐데 태종이 다시 황희를 콕 집어 추천한 이유는 무엇일까요? 이때 태종은 후계자 세종을 위해 왕권에 위협이 될, 야심이 커 보이는 신하는 사전에 제거했습니다. 그리고 믿고 신뢰할 수 있는 신하를 세종에게 붙여 주려 했어요.

황희는 지신사부터 육조 판서까지 맡은 일을 성실히 해내기도 했고, 남몰래 이득을 챙기거나 딴마음을 품지 않는 신하였으므로 황희가 세종을 도울 적임자라고 생각합니다. 야사에 따르면 태종은 "나라를 위해서는 황희가 없어서는 안 된다!"라고 말하며 두 팔 벌려 황희를 환영했다고 합니다.

4년 만에 중앙 조정으로 돌아온 황희! 황희가 조정에 복귀하자 태종은 이제야 걱정을 덜었다고 생각했던 듯합니다. 우연일 수 있겠지만 황희가 한양으로 돌아오고 3개월 뒤 태종은 세상을 떠났습니다.

강원도 관찰사가 되어
흉년을 구제하다

황희는 태종에 이어 세종을 보필하며 또다시 일을 시작합니다. 어느덧 60세의 나이로, 일곱 명의 왕을 모신 연륜 깊은 신하가 되어 있었지요. 그런데 1년 후 세종은 당시 예조판서였던 황희에게 뜻밖의 명령을 내렸습니다.

"황희를 강원도 관찰사로 삼겠다."

예순이 넘은 황희를 직급까지 낮춰 강원도로 보내겠다니 의아합니다. 그런데 여기에는 특별한 이유가 있었어요. 당시 조선에는 세종 즉위 후 무려 3년 동안 극심한 흉년이 이어졌습니다. 특히 강원도는 계속된 흉년으로 병에 걸리거나 굶어 죽는 백성들의 원성이 끊이지 않았습니다. 먹을 게 없다 보니 풀을 뜯어 먹으며 살았고 집을 버리고 떠나거나 굶어 죽는 사람도 많았어요. 지역에 있는 수령들도 사태가 심각해지니 피해를 해결하지 못하고 있었습니다. 이런 심각한 문제를 해결하기 위해 황희가 강원도에 파견된 것이었지요.

강원도에 도착한 황희는 마을을 살피던 중 깜짝 놀라고 말았습니다. 곡식을 저장하는 창고가 텅텅 비어 있었기 때문입니다.

"허위 기록만 가지고 회계하다가 구황救荒할 때에 이르러 창고에 저축된 것이 없으니, 그들이 국가를 기망함이 이보다 심함이 없습니다."

《세종실록》 23권, 세종 6년(1424) 2월 5일

조선 시대에는 백성이 힘들 때 곡식을 꿔주고 가을에 이자를 붙여 받는 환곡還穀이라는 제도가 있었습니다. 그런데 강원도의 관리가 백성들에게 곡식을 빌려주고 돌려받지도 못했는데 돌려받았다며 장부를 조작한 것입니다. 즉, 가짜 회계 장부를 만든 것이었어요. 이 곡식을 제대로 거두지 못한 관리에게는 파직이나 유배라는 큰 벌이 내려졌기에 관리들은 당장 발등에 떨어진 불부터 끄자는 생각에 허위 기록을 남겼습니다. 하지만 흉년은 멈추지 않고 계속되었고, 이런 악순환이 반복되며 곡식 창고가 텅 비어 버리게 된 것이었습니다.

이 상황을 두 눈으로 보고 강원도가 겪고 있는 문제의 원인을 단번에 파악한 황희는 서둘러 해결책을 찾기 시작했습니다. 제일 먼저 가짜 장부에 가려져 보이지 않았던 진실을 가려냈지요. 그리고 장부를 토씨 하나 틀리지 않게 정확히 작성하기로 합니다. 강원도의 인구수를 파악하고 기근으로 발생한 떠도는 백성의 수뿐 아니라 농사를 짓지 못하는 땅의 크기까지 대대적으로 조사해 장부를 완전히 새로 만든 뒤 세종에게 보고했습니다.

황희의 정확한 보고서를 받고서야 강원도의 실태를 제대로 알게 된 세종은 문제가 빨리 해결되도록 강원도에 쌀을 보내 주었고 3년간 굶주림에 허덕이던 강원도 백성들의 삶은 점차 안정을 되찾았습니다. 이 사건 이후 세종 역시 황희의 능력을 인정하고 황희를 깊이 신뢰하기 시작했어요. 믿음의 깊이를 보여 주듯 1426년에 세종은 황희를 우의정에 임명했습니다. 그리고 1년 후 65세의 황희를 좌의정으로 임명합니다.

살인 사건에 연루된
좌의정 황희

그런데 그해에 황희에게 청천벽력 같은 소식이 전해집니다.

"좌의정 황희를 의금부에 가두거라!"

황희가 엄청난 범죄, 그것도 살인 사건에 연루된 것이었습니다. 이 사건이 일어난 시점인, 황희가 좌의정으로 승진하기 이전으로 거슬러 올라가 보겠습니다. 사건의 전말은 이러했습니다. 고위 관직자의 아들, 서달이라는 선비가 고향으로 가기 위해 지금의 청주 지역이었던 신창현이라는 마을을 지나고 있을 때였지요. 마을의 관아에서 일하는 아전과 마주친 서달이 아전을 향해 불같이 화를 냈습니다.

감히 아전인 주제에 자신에게 예를 다해 인사를 하지 않았다는 이유에서였습니다. 황당하게도 아전과 서달은 그날 처음 본 사이였어요. 화가 난 서달은 자신의 종에게 인사를 하지 않은 그 아전을 잡아 오라고 명령했습니다. 하지만 이미 아전은 어디로 갔는지 찾을 수 없는 상황이었지요. 서달은 다른 아전이라도 잡아 오라고 버럭 화를 냈고 그 때문에 마을의 다른 아전이 잡혀 왔습니다. 엉뚱한 사람에게 화풀이한 서달의 행패는 도가 지나칠 정도였어요.

이때 길을 가던 또 다른 아전이 이 상황을 지켜보고 서달을 향해 소리쳤습니다.

"이게 대체 무슨 짓이오!"

이 사건과는 관계가 없는 아전이 참지 못하고 서달에게 이의를 제기하자 서달은 종을 시켜 소리친 아전을 두드려 패라고 명령했습니다. 죄 없이 매질을 당한 이 아전은 큰 부상을 견디지 못하고 그만 죽고 말았어요. 폭행 사건이 살인 사건으로 번진 것입니다.

그런데 이 사건이 황희와는 무슨 연관이 있는 걸까요? 놀랍게도 살인 용의자 서달은 황희의 사위였습니다. 당시 아무리 고위 관료의 가족이라도 살인죄는 중형을 면하기 어려웠습니다. 사건을 전해 들은 황희는 곧장 높은 관직의 관리를 찾아가 피해자 집안과 합의할 수 있게 도와달라고 부탁했어요. 이때 황희보다 더 이 사건에 발 벗고 나선 사람이 있었는데요. 바로 황희의 사돈이자 당시 형조판서였던 서달의 아버지 서선이었어요. 서선과 가족들은 사건이 벌어진 마을의 수령을 만나러 가기까지 했습니다.

이런 상황에서 아랫사람들은 윗사람의 움직임을 살피고 알아서 나서기 시작합니다. 너나 할 거 없이 서달 사건을 은폐하기 위해 죽은 아전의 집에 뇌물을 보내고 집까지 찾아가 합의를 강요했어요. 결국, 죽은 아전의 아내는 관리들의 압박을 이기지 못하고 끝내 합의서를 써서 관청에 제출했습니다. 그리고 이 살인 사건은 서달의 종이 벌인 짓으로 마무리됩니다. 붙잡혀 있던 서달은 풀려나고, 대신 종이 억울한 옥살이를 하게 되었지요.

누구에게나 인정받는 명재상 황희는 자기 일에는 도덕적 기준을 엄수했지만, 아들이나 사위 같은 가족들이 벌인 문제에 연루되어 곤란에 빠지기도 했습니다. 서달의 경우 고위 관리 가족의 사건이다 보니 주변에서 발 벗고 나서는 바람에 예상치 못하게 비리가 커진 부분도 있지요. 물론 황희의 행동에 문제가 없었다는 것은 아닙니다. 오히려 황희 역시 자신의 행동이 잘못됐다는 것을 알았음에도 어쩔 수 없는 선택을 내렸을 가능성이 크지요.

서달의 살인 사건은 이렇게 씁쓸하게 일단락되는 듯 보였지만 1427년, 누군가에 의해 이 사건의 진상이 밝혀집니다. 그 인물은 바로 세종이었어요. 서달 사건의 보고서를 읽던 세종이 앞뒤가 맞지 않음을 눈치채고 이 사건을 철저히 재조사하라고 의금부에 명령했던 것입니다.

조선 조정은 그야말로 발칵 뒤집혔습니다. 고위직 관리들은 물론, 내로라하는 정승까지 줄줄이 파면당할 정도였지요. 황희의 사위 서달은 장형 100대의 벌을 받았고 황희는 65세라는 고령의 나이에 감옥에 갇히게 되었습니다. 황희에게 다시 한 번 큰 위기가 닥친 순간입니다.

그런데 황희가 감옥에 들어간 다음 날, 깜짝 놀랄 일이 벌어집니다. 황희를 처벌한 세종이 황희를 풀어주라 명한 것입니다. 그뿐만이 아니었습니다. 황희가 감옥에서 풀려난 지 불과 13일밖에 지나지 않았는데 그를 좌의정으로 다시 복직시켰습니다. 황희의 복직 소식을 들은 신하들이 가만히 있었을까요? 처벌이 너무 가볍다며

세종 대왕 동상

거세게 비판했고 상소까지 올렸습니다. 하지만 세종은 거센 반대를 무릅쓰고 복직 명령을 거두지 않았어요.

　이 일들이 벌어진 때는 세종 9년으로 세종 재위 기간의 초반에 해당하는 시점이었습니다. 조선의 통치체제를 확립하기 위해 많은 정책을 추진하던 때로 세종은 자신을 보좌해줄 경험이 많은 신하가 필요했을 것입니다. 그런 측면에서 육조를 거치며 국정 전반을 두루 이해하고 있던 황희는 중요한 존재였지요. 황희가 부적절한 일을 저지른 것은 사실이었지만, 국정을 안정적으로 운영하기 위해서 세종은 황희가 꼭 필요하다고 생각했던 것으로 보입니다. 그래서 잘못에 대해서는 시비를 가리고 처벌을 준 뒤에 면죄부를 준 것이지요.

황희를 곁에 두기 위한
세종의 노력

그런데 황희가 좌의정으로 복직하고 11일 뒤 황희에게 가슴 아픈 일이 생깁니다. 어머니가 돌아가신 것이지요. 부모님이 돌아가시면 관직에서 물러나 3년간 무덤 근처에 여막을 짓고 무덤을 지키는 여묘廬墓를 하기 위해 관직에서 물러나겠다고 세종에게 청했습니다.

신하들의 거센 반발에도 불구하고 힘들게 복귀시켰건만 뜻하지 않게 황희를 보내야 했던 세종은 상을 치르고 있는 황희를 불과 3개월 만에 다시 불러들입니다. 세종의 부름을 받은 황희는 관직을 거절하겠다는 뜻을 담은 청을 올렸어요.

> "신이 조정에 있는 것은 풍속에 누가 될 것이옵고 거룩한 정치에는 아무런 도움도 되지 않을 것이오며 (…) 귀도 먹고 눈도 어두워, 듣고 살피기가 어렵사오매 억지로 벼슬에 종사하려 하오나 실로 감당하기 어렵사옵니다."
>
> 《세종실록》 38권, 세종 9년(1427) 11월 12일

그러나 세종은 황희의 청을 단칼에 거절합니다. 오히려 황희를 붙잡기 위해 특별한 선물을 보냈어요. 당시 예법을 따르려면 부모

님의 상중에는 술과 고기를 먹지 말아야 했습니다. 다만 나이 많은 신하가 부모상을 당하면 왕이 건강을 위해 고기를 하사하기도 했습니다. 세종 역시 황희의 건강을 챙긴다는 이유로 고기를 선물했습니다. 물론 여기에는 복귀를 독려하려는 의도가 숨어 있었을 테지요.

황희는 굴하지 않고 세종이 직접 하사한 고기를 거절했습니다. 그러나 세종은 계속해서 고기를 보냈어요. 황희의 거절과 세종의 권유가 반복되던 상황에서 황희가 어떤 결정을 내렸을지 궁금하지 않나요?

"성상께서 신이 늙었으매 혹시 병이 날까 가엾게 여기셔서 고기 먹으라고 명하시니 어찌 감히 따르지 않으오리까."

《세종실록》 38권, 세종 9년(1427) 11월 27일

결국 황희는 세종의 뜻을 받아들여 머리를 조아리고 울면서 하사받은 고기를 먹었다고 합니다. 그렇게 황희는 세종의 부름을 받고 65세의 나이로 조정에 복귀했습니다. 조정으로 돌아온 황희는 세종을 도와 외교·경제·국방 등 다양한 분야에 걸쳐 맹활약을 펼쳤습니다.

4년이 흘러 69세가 된 황희는 세종으로부터 깜짝 놀랄 명령을 받게 됩니다.

"황희를 영의정으로 삼았다."

《세종실록》 53권, 세종 13년(1431) 9월 3일

64세에는 우의정, 65세에는 좌의정을 거쳐 최고의 자리 영의정
에 오른 것입니다. 당시 문무백관 중 가장 높은 관직이었던 우의
정, 좌의정, 영의정을 정승이라고도 불렀습니다. 셋을 합쳐서는 삼
정승이라 불렀지요. 황희는 삼정승을 모두 역임했기에, 지금도 정
승의 대명사처럼 '황희 정승'이라 일컬어지는 것이지요.

은퇴는 불허한다!
사직 요청을 거절한 세종

영의정이 된 다음 해에 70세의 황희는 세종에게 간곡한 부탁을
하기에 이릅니다.

"귀는 멀고 눈도 또한 어두워서 듣고 살피는 일이 어려우며, 허리는
아프고 다리는 부자유하여 걸음을 걸으면 곧 쓰러집니다. (⋯) 직위
의 해면을 허락하소서."

《세종실록》 56권, 세종 14년(1432) 4월 20일

궤장 통일신라 시대부터 조선 시대까지 여러 왕조에서 70세 이상의 연로한 공신에게 내린 하사품이다. 왕이 공로가 있고 재능이 뛰어난 신하에게 하사하면 국정에 계속 참여할 수 있었으므로 신하들은 궤장을 받는 것을 큰 명예로 여겼다. 한국민족문화대백과사전 제공.

또다시 황희가 건강상의 이유로 사직하겠다는 뜻을 밝힌 것입니다. 세종은 과연 어떤 반응을 보였을까요?

이쯤 되면 황희의 부탁을 들어줄 법도 한데 사직 요청을 받은 5일 뒤, 세종은 황희에게 '궤장几杖', 즉 의자와 지팡이를 내립니다. 이게 무슨 의미일까요? 사직을 허락하기는커녕 오히려 업무를 독려하며 일을 계속하라는 뜻을 전한 것이었지요.

남들은 은퇴하고 노후를 즐길 나이였지만 궤장을 받은 황희는 다시 한 번 마음을 다잡고 더욱 열심히 일하기 시작했습니다. 그는 쌓인 연륜만큼 누구보다 세종의 뜻을 잘 파악해서 그 뜻이 국가 정책에 잘 반영될 수 있게 계속해서 힘을 실어 주었습니다.

궤장을 받고 2년이 지나 황희는 다시 한번 세종에게 이런 말을 합니다.

"허리가 아프고 다리가 따르지 못하여 걸음을 걸을 때마다 쓰러지

곤 하니, 이는 대개 원기가 쇠약함에 따라, 백병이 마구 침범해 오는
게 아니겠습니까."

《세종실록》 67권, 세종 17년(1435) 3월 29일

이쯤 되면 73세 고령의 황희가 어떤 모습이었는지 예상할 수 있
겠지요? 허리와 다리가 불편해서 걷기가 힘들 정도로 노쇠한 상태
였어요. 하지만 세종은 또다시 황희의 청을 거절합니다. 시간이 흘
러 세종은 황희에게 이런 말도 했어요.

"아직 아흔 살에 이르지도 않았으니 약을 써서 치료하면 되지
않는가. 사직은 불가하다!"

아직 아흔 살도 되지 않았는데 무슨 문제냐며 병은 치료하면 된
다고 한 것이지요. 황희는 이대로 포기했을까요? 1년 뒤 또다시 사
직을 요청합니다. 이번에는 정말 귀가 안 들린다며 간곡하게 부탁
했어요. 그러나 세종은 이번에도 "불가하다"라며 거절했습니다.

황희는 76세가 되어서는 세 차례나 사직 상소를 올렸습니다. 종
기로 피가 그치지 않고 어지럼증이 심하다며 한 번, 건망증이 심해
서 직접 말한 것도 기억하지 못한다며 또 한 번 자신의 사직을 요
청했어요. 그리고 1438년 겨울에 세 번째 사직서를 올렸습니다. 이
번에는 어떤 이유를 들었을까요?

겨울철에 천둥과 번개가 심하게 치자 궂은 날씨가 이어지는 것
은 높은 관직에 있는 자신이 부덕한 탓이라며 파면해 달라고 했어

요. 이에 세종은 "날씨가 좋지 않음은 과인에게 원인이 있는 것이
다. 그러니 사면하지 말고 더욱더 열심히 일하도록 하라"면서 사직
의 청을 거절했습니다.

황희의 눈물겨운 사직 요청은 여기서 끝나지 않았습니다. 77세
가 되었을 때는 하혈까지 하는 심각한 병이 생겨 출근할 수 없다고
통보했습니다. 세종도 이번에는 걱정됐는지 신하에게 황희의 문
병을 다녀오게 했어요. 그리고 신하에게 "자네가 보기에는 어떠한
가?"라고 황희의 상태를 물었습니다. 신하는 눈치도 없이 "귀가 어
두움은 사실이오나, 정신은 온전합니다"라고 답했어요. 신하의 말
을 들은 세종은 이번에는 황희에게 집에서 일하라고 명했습니다.
세종은 황희를 놓아줄 생각이 전혀 없었던 것이지요.

황희의 은퇴와
세종의 죽음

이후에도 황희는 끊임없이 사직서를 냅니다. 1449년 5월, 87세
가 되었을 때 또 사직서를 냈지요. 그해에는 재앙이라 할 정도로
심각한 가뭄이 들었고 황희는 이 모든 게 아흔 살이 다 되도록 하
는 일 없이 나라의 녹봉을 먹는 본인 때문에 하늘이 노한 탓이라
며, 자신을 파면해 달라고 했습니다. 그러나 돌아온 세종의 답변은

여전히 "불허한다!"였어요.

그리고 같은 해 10월, 세종은 황희에게 명령을 내립니다.

"황희를 영의정 부사로 그대로 치사한다."

《세종실록》 126권, 세종 31년(1449) 10월 5일

이게 무슨 말일까요? 황희에게 계속 일을 시키는 것이 아니라 드디어 영의정 부사라는 명예직을 준다는 것이었습니다. 이번에 야말로 일선에서 물러나는 것을 허락한다는 뜻이었지요.

열네 살에 고려의 말단 관리로 시작해 이어 간 관직 생활 70여 년, 그중 30년이 넘게 세종 밑에서 일한 황희는 드디어 87세가 되어서야 길고 길었던 관직 생활을 마칠 수 있었습니다. 그토록 바라던 은퇴를 즐길 수 있게 된 황희는 어떤 기분이었을까요?

그렇게 황희가 은퇴한 후 4개월 뒤, 이제 모든 것이 끝났다는 듯 세종은 세상을 떠납니다. 이로써 세종과 황희, 조선을 위해 헌신한 두 사람이 조선 조정에서 퇴장하게 되었습니다. 이후 황희

세종실록 조선 제4대 왕 세종의 재위 기간 동안의 국정 전반에 관한 역사를 다루고 있다. 황희가 71 세가 된 1433년에는 실록에 그의 이름이 50번 넘게 언급되어 있다. 서울대학교 규장각한국학연구원 제공.

황희 선생 영당지 황희의 유업을 기리기 위해 후손들이 영정을 모시고 제사를 지내는 곳으로 경기도 파주시에 위치한다. 그의 호를 따라 방촌영당이라고도 한다. 영당 주위로는 황희가 관직에서 물러나 갈매기를 벗삼아 여생을 보냈다는 반구정과 양지대가 있다. 문화재청 제공.

는 90세의 나이로 생을 마감합니다. 은퇴 후 황희에게 남은 시간은 2년 남짓이었던 것이지요.

조선 초 새로운 왕조의 기틀을 잡아가던 때, 황희는 고려 때부터 쌓은 경험을 바탕으로 국정을 이끌어갔습니다. 조선의 왕들로부터 깊은 신임과 총애를 받으며 왕의 가까운 심복으로서 조정의 일을 능숙하게 처리했지요. 성군의 등장도 나라의 미래를 결정하지만, 황희와 같은 훌륭한 조력자도 나라의 운명에 영향을 미칩니다. 황희는 조력자로서 왕의 곁을 지키며 어떤 일이든 묵묵히 또 성실히 해냄으로써 여러 신하의 존경을 받는 명재상으로 후대에 이름을 남겼습니다. 조선이 500년의 오랜 역사를 가질 수 있었던 데에는 건국 초기부터 황희 같은 훌륭한 인재를 적극적으로 기용한 덕도 있을 테지요.

70여 년의 관직 생활 동안 황희는 나라가 바뀌는 큰일을 겪었고, 때로는 소신을 지키다가 유배를 당하기도 했으며 가족 문제 때문에 감옥에 갇히기도 했습니다. 그러나 왕의 신임을 얻어 결국에는 다시 조정으로 돌아올 수 있었지요. 그는 성품이 너그럽고 청렴했으며 여러 왕을 보좌한 수십 년 동안 함께 일하는 사람에게 신뢰감을 주었습니다. 또 언제나 진심을 다해 맡은 일을 해냈어요. 그것이 결국 사람들에게 인정받은 비결이 아닐까요? 후대에 어떤 사람으로 기억되느냐는 어떤 태도로 삶을 대했느냐에 달려 있음을 황희의 삶을 통해 깨닫게 됩니다.

2장

벌거벗은
계유정난

송웅섭(총신대학교 역사교육과 교수)

킹메이커 한명회는
어떻게 조선의 왕을 바꿨나

1453년 조선, 인적이 없는 어두운 밤에 한 남자가 책을 보면서 궁에 들어오는 사람들을 차례차례 확인했습니다. 그러고는 의문의 책에 알 수 없는 표식을 남깁니다. 그러고는 그가 고개를 끄덕이자 궁에 들어온 사람이 매복하고 있던 누군가의 칼에 맞아 죽고 맙니다. 이 의문의 현장에서 고개를 끄덕여 살인을 지시한 남자는 누구이며 그가 들고 있는 책은 대체 무엇이었을까요?

한 번쯤 들어보셨을 텐데요. 그 책은 바로 '살생부殺生簿'였습니다. 살생부란 누구를 살리고 또 누구를 죽일지 그 사람들의 이름을 적어둔 명부입니다. 이 살생부 한 권으로 수많은 이들이 영문도 모른 채 잔혹하게 죽었습니다. 살생부를 손에 들고 붓질 한 번, 고갯

짓 한 번으로 조정 대신들을 잔인하게 죽인 인물! 그는 바로 조선의 킹메이커 한명회입니다. 그가 킹메이커 역할을 할 수 있었던 것은 이 살생부가 결정적인 역할을 했기 때문인데요. 한명회는 어떻게 살생부를 이용해서 자신의 계획대로 왕을 바꿨을까요? 이번에는 킹메이커 한명회가 어떻게 조선 제7대 왕을 만들어 냈는지, 그 엄청난 이야기를 벗겨보려 합니다.

과거시험 낙방 후
겨우 꿰찬 말단 관직

한명회의 어린 시절로 거슬러 올라가면 그가 어떻게 킹메이커가 되었는지 그 비밀을 알 수 있습니다. 한명회는 어릴 때부터 예사롭지 않은 능력을 지니고 있었거든요. 그는 원래 조선의 명문가에서 태어났습니다. 하지만 부모님이 일찍 돌아가시자 가세가 기울기 시작했어요. 명문가 집안에서 태어났지만 부모님을 잃고 힘든 유년 시절을 보내면서 관리가 되어 성공하고 싶다는 욕망을 품었습니다.

조선 시대에 출세하려면 꼭 통과해야 하는 시험이 있지요? 맞아요. 과거시험입니다. 한명회 역시 어릴 때부터 학문을 닦았고 과거시험에 도전했습니다. 결과는 어땠을까요? 훗날 조선의 왕을 세운 인물인 만큼 빨리 합격했을 것 같지요?

놀랍게도 그는 평생 단 한 번도 과거시험에 합격하지 못했습니다. 38세까지 과거시험에 도전했지만 늘 낙방했어요. 앞서 말한 예사롭지 않은 능력이 공부는 아니었음을 알 수 있습니다. 공부에는 영 소질이 없었던 그에게는 다른 누구도 따라올 수 없는 특별한 능력이 있었는데요. 과연 무엇이었을까요?

> "문장과 도덕은 내가 참으로 그대만 못하나 사업을 경륜經綸함에 있어서는 내가 어찌 크게 뒤지겠는가."
>
> 〈한명회 선생 신도비명〉

경륜이란 일을 계획하고 실행하는 능력을 말합니다. 한마디로 공부는 부족할지 몰라도 어떤 문제를 해결하는 지략과 실행력만큼은 뛰어나단 말이지요.

이 말은 한명회의 업적을 기록한 〈한명회 선생 신도비명〉에 쓰인 내용으로, 한명회와 친구 사이였던 권람이 한명회를 관찰하고 썼다는 점에서 신뢰할 만합니다. 권람은 한명회와 달리 35세에 과거시험에 장원급제하고 관직에 오른, 훗날 한명회의 인생에 큰 전환점을 가져다준 인물이지요.

한명회는 또 한 가지 아주 특별한 능력을 지녔었다고 하는데요. 바로 화려한 말솜씨였습니다. 말을 그냥 잘하는 게 아니라, 사람의

한명회 신도비 신도비란 왕이나 고관의 업적과 일생을 기록한 묘비를 말한다. 한명회 신도 비는 충남 천안시에 소재한 그의 무덤 곁에 세워져 있다. 문화재청 제공.

마음을 잘 읽고 헤아릴 줄 알았다고 해요. 지금도 이런 친구들 주위에는 사람이 많이 모이듯이 한명회 역시 권람 같은 문인은 물론이고 건달과 불량배들까지 모일 정도로 주변에 사람이 많았다고 합니다.

이처럼 뛰어난 말솜씨에 지략까지 갖췄다고 자부하던 한명회였지만 과거시험에는 번번이 낙방을 하니 얼마나 답답했을까요? 하지만 이때 한명회에게 자신의 처지를 개선할 수 있는 특별한 기회가 찾아옵니다. 바로 음서라는 제도를 통해 관직에 나갈 수 있었던 것인데요. 한명회는 명문가 집안의 자제였기에 과거 합격 전에 벼슬에 나갈 수 있는 음서의 혜택을 받게 된 것입니다.

한명회가 이때 오른 관직은 경덕궁 궁지기였습니다. 궁을 지키고 관리하는 종9품 말단 관직이었는데요. 경덕궁은 태조 이성계가 왕이 되기 전에 개성에서 살던 곳이었습니다. 이렇게 한명회는 경덕궁을 관리하는 일로 관직에 들어섭니다.

어린 왕을 보필한 절대 권력 김종서

한명회는 음서를 통해 드디어 관직에 올랐지만 낮은 직급이었기에 동료들에게 무시당하기 일쑤였습니다. 그러던 어느 날, 한명회에게 운명을 바꿀 기회가 찾아옵니다. 보통 사람이 아닌 왕실 사람이 한명회에게 은밀하게 만나자고 한 것이었어요. 그 사람은 바로 왕의 삼촌인 수양대군이었습니다. 왜 수양대군은 말단 궁지기에 불과한 한명회를 만나고 싶어 했을까요? 그 이유를 알기 위해서는 당시 조정의 분위기를 살펴볼 필요가 있습니다.

당시 조선의 왕은 제6대 왕 단종이었습니다. 단종의 아버지는 제5대 왕 문종이었는데요. 문종은 세종의 적장자로 조선 역사상 처음으로 적장자 계승 원칙을 지킨 왕이었습니다. 게다가 학문을 좋아하고 스스로 군제 개혁안을 마련할 정도로 준비된 왕이었지요. 하지만 몸이 허약했던 그는 왕위에 오른 지 2년 만에 병으로 죽고 말았어요.

그래서 단종은 열두 살이라는 어린 나이에 왕위에 올라야만 했습니다. 당시 조선의 왕실에는 단종을 지켜줄 만한 어른이 단 한 명도 없었습니다. 할아버지, 할머니, 아버지, 어머니가 모두 죽고 없는 상황이었으니까요.

한명회에게 만남을 청한 수양대군은 세종의 둘째 아들이자 문종의 바로 아래 동생으로, 단종의 삼촌이었지요. 수양대군은 타고난 자질이 영특해서 학문에도 뛰어났고 그만큼 정치적 야심도 컸습니다. 원래 대군들은 왕권을 위협해서는 안 되는 존재로 여겨졌기에 별다른 관직 없이 정치적으로 큰 영향력을 갖지 않는 게 일반적이었습니다. 하지만 수양대군은 달랐습니다. 세종은 왕권을 강화하고 왕실의 위상을 높이기 위해 왕자들을 우대해 주었습니다. 그 과정에서 대군들을 조정 업무에 참여시키기도 했고요. 이때 수양대군은 왕의 교지를 신하들에게 전달하는 비서 일도 담당했는데요. 이 일을 맡은 덕에 자연히 신료들과 가깝게 지내며 세력을 키워가게 되었지요.

한편 단종을 보필하고 있던 조정 대신들은 힘 없는 어린 군주를 보필하기 위해 위협이 될 만한 인물의 권력을 약화시키려고 노력했습니다. 자연히 왕의 삼촌이자 조정 내에서도 존재감이 컸던 수양대군은 대신들의 견제 대상이 될 수밖에 없었지요. 대신들은 수양대군을 권력에서 점점 멀어지게 만들어 정치적으로 제거하려

했습니다. 종실 최고 어른이자 대군으로서 위상을 유지하고 싶었던 수양대군은 그런 견제에 점차 불만이 쌓이게 되었지요.

이때 대신들의 중심에는 좌의정 김종서가 있었습니다. 김종서는 조선 제3대 왕 태종부터 세종, 문종에 이어 단종까지 무려 네 명의 임금을 섬긴 인물로 명망이 높았습니다. 단종의 아버지인 문종은 죽기 전에 어린 아들과 나랏일을 걱정해 김종서와 또 다른 신하 여럿을 불러 단종을 잘 보필해 달라는 유언을 남겼는데요. 왕이 죽을 때 왕자와 대신에게 최후로 남긴 말을 고명顧命이라 하고, 이를 받은 신하를 '고명대신'이라 하는데, 김종서가 바로 고명대신이었습니다.

김종서 등은 고명에 따라 어린 왕을 보필한다는 명분으로 점차 권력을 키워나갔습니다. 특히 인사 과정에 개입하는 방식을 통해 권력을 키워갔습니다. 당시 조선에서도 누군가를 임명하는 일은 당연히 왕이 중심이 돼서 명령을 내렸어요. 인사이동이 있을 시 대신들이 세 명 정도를 추린 다음에 그 이름을 문서에 적어서 왕에게 올리면 왕은 적절한 사람을 골라 그 이름 아래에 점을 찍어 뽑았습니다. 이걸 낙점이라고 합니다.

그런데 단종은 자기 뜻대로 낙점할 수 없었습니다. 물론 단종도 인사이동이 있을 때 세 명의 이름이 적힌 문서를 받았습니다. 하지만 이미 한 사람의 이름 아래에 노란색 딱지가 붙여져 있었습니다. 이 딱지는 바로 김종서가 붙인 것이었는데요. 당시 사람들 사이에서는 이를 '김종서 대감이 황색 표식을 붙이기만 하면 무조건 등용을 시킨다'고 해서 황표정사黃標政事라 불렀습니다. 김종서의 영향력이 얼마나 컸는지 알 수 있는 단서입니다.

이와 반대로 수양대군은 정치적으로 고립되어 갔습니다. 김종서 세력은 종친과 관련된 업무를 맡아 보던 '종부시'를 통해 수양대군을 비롯한 대군들의 집을 감찰하기도 했습니다. 어린 왕을 둘러싸고 김종서를 필두로 한 대신들과 수양대군의 대립 양상에서 아직은 김종서가 승기를 쥐고 있었습니다.

이때 수양대군의 숨통을 조이는 또 하나의 사건이 벌어지고 맙니다. 김종서가 수양대군의 동생 안평대군과 손을 잡은 것입니다. 형이 아닌 김종서의 편에 선 것인데요, 안평대군은 대체 왜 이런 결정을 내렸을까요? 수양대군보다 한 살 어렸던 안평대군은 수양대군과는 달리 조정 대신들과 두루두루 잘 지냈고 단종을 보호하고자 했습니다. 이런 이유로 자신의 세력을 가지고 김종서와 연합한 것이었지요.

수양대군은 김종서와 대신들을 견제하려면 왕실 세력이 힘을 합쳐야 하는 상황인데, 되려 안평대군과 김종서가 손을 잡자, 이러다 권력에서 밀려날 수도 있겠다고 판단합니다. 그래서 김종서를 제거하고 자신의 권력을 되찾을 확실한 계책을 고심하며 그를 위해 꾀를 써 줄 책사를 찾기 시작했던 것입니다.

두 야심가의
은밀한 만남

수양대군과 김종서의 대립을 먼발치에서 지켜본 인물이 있었는데요. 그가 바로 한명회였습니다. 한명회는 당시의 복잡한 정치 상황과 수양대군의 위기가 자신에게는 기회라고 생각했어요. 때마침 친구 권람이 다리를 놓아 준 덕분에 수양대군과의 은밀한 만남이 이루어집니다.

두 사람이 처음 만난 날 수양대군은 한명회의 손을 덥석 잡고 "어찌 이제야 만났단 말인가!"라고 말하며 첫 만남부터 친근하게 대했습니다. 어떻게 해서 이런 일이 가능했을까요? 사실 수양대군은 권람으로부터 한명회에 관한 이야기를 이미 들은 상태였습니다. 권람은 어렸을 때부터 한명회의 기개가 범상치 않았고 특히 일을 처리하는 능력이 뛰어났다며 그를 적극적으로 추천했습니다. 그리고 이 말을 믿은 수양대군은 한명회에게 넌지시 이런 말을 던졌습니다.

"간사한 대신들이 안평에게 다른 마음을 품어 선왕께서 어린 손자를 부탁하신 뜻을 저버리고 있소."

수양대군이 말한 간사한 대신은 바로 김종서였고 선왕이 부탁한 어린 손자는 단종을 의미했습니다. 한마디로 김종서를 비롯한 신하들이 단종을 보필해 달라는 선왕의 뜻을 어기고 안평대군을 내세워 역모의 마음을 품고 있다는 말이었지요. 수양대군은 다시 한명회에게 말을 건넸습니다.

"내 형세가 외롭고 약하니 어찌해야겠는가?"

지금 조정의 견제를 받아 자신의 처지가 약한데 이를 어찌하면 좋을지 한명회에게 계책을 물어본 것입니다. 수양대군은 김종서 세력을 제거하고 싶었지만 어떻게 하면 좋을지 정하지 못하고 있었거든요.

한명회는 뭐라고 대답했을까요? 이날 한명회의 야심찬 대답이 훗날 조선의 역사를 바꾸게 됩니다.

> "종실의 후손으로서 사직을 위하여 난적을 토벌하는 것인 만큼 명분이 바르고 말이 순하니 절대 성공하지 못할 리가 없습니다."
>
> 〈한명회 선생 신도비명〉

수양대군이 왕실의 후손으로서 나라를 위해 세상을 어지럽히는 난적, 즉 도적 무리를 토벌하는 건 명분이 바른 일이니 거사를 일으킨다면 절대 실패할 리가 없다는 말입니다. 한마디로 지금 수양대군이 마음속으로 고민하는 그 일, 김종서와 안평대군을 처단하는 일을 해도 된다고 말한 것이었습니다.

사실 한명회가 수양대군 앞에서 거사를 입에 올리는 건 굉장히 위험한 일이기도 했습니다. 만약 수양대군이 한명회의 말을 받아들이지 않는다면 역모의 죄로 잡혀갈 수도 있기 때문이었지요. 하지만 한명회는 자신에게 찾아온 두 번 다시 없을 기회를 잡기 위해 승부수를 던졌습니다. 수양대군의 입만 바라보며 마음을 졸이고 있는 한명회에게 수양대군은 이렇게 말했습니다.

"경은 더 많은 말을 하지 말라. 내가 마음을 정하였다."

수양대군은 정말로 한명회의 말을 듣고 역모를 결심했을까요? 그렇다고도 볼 수 있습니다. 권력을 차지해야 한다는 생각에 사로잡힌 수양대군은 반란을 생각하고는 있었지만, 대군이라는 지위 때문에 함부로 발설하거나 나설 수 없는 상황이었는데, 그런 그에게 한명회의 대답이 결정적인 명분을 제공해 준 셈이었습니다.

이처럼 더 높이 오를 기회가 필요했던 한명회와 조정을 손에 넣으려는 야심에 찬 수양대군의 첫 만남 이후, 한명회는 수양대군의 책사로서 본격적으로 거사를 준비하기 시작합니다.

의기투합한
수양대군과 한명회

수양대군과 한명회의 첫 번째 목표는 수양대군을 견제하는 김종서 세력을 처단하는 것이었습니다. 은밀한 만남 이후 한명회는 수양대군의 집에 남몰래 드나들며 역모를 위한 계획을 세우기 시작했습니다. 한명회가 가장 먼저 내민 전략은 무엇이었을까요?

"세상에 변동이 있으면 문인으로서 대우를 받음은 쓸모가 없으니,
나리는 모름지기 무사와 결탁하여 두소서."

이긍익, 《연려실기술》

조선 후기 실학자 이긍익의 《연려실기술》에 적힌 내용입니다.
이때 한명회는 난세에는 문인보다 무사가 인정받을 거라며 주변

에 무사를 가까이 두라는 전략을
내놓았어요.

연려실기술 이긍익이 약 30년 동안에 걸쳐 완성한 조선 시대 사서로, 400여 가지에 달하는 야사에서 자료를 수집 및 분류하고 원문을 그대로 기록했다. 저자 이긍익은 이 책에 대해 "이 책은 온 세상에 전하여 사람들의 귀나 눈에 익은 이야기들을 모아 분류대로 편집한 것이지 나의 사견으로 논평한 것은 하나도 없다. 나는 사실에 의거해 수록하기만 할 뿐 그 옳고 그름은 후세 사람들의 판단에 미룬다"라고 말했다. 서울대학교 규장각한국학연구원 제공.

수양대군 역시 훗날 거사를 도
모하려면 군사가 필요하다는 걸
몰랐을 리 없지요. 하지만 지금
이 어떤 상황인가요? 김종서 세
력이 자신을 압박하고 있는 상황
에서 대놓고 병사를 모으기란 쉽
지 않았습니다. 고민에 빠진 수
양대군에게 한명회는 자신만만
하게 이야기했습니다.

"무사들을 모을 방법이 있습니
다! 훈련관에 갈 때는 술과 안주

를 많이 준비해서 가십시오."

이 무렵 조선에는 병사들의 무예 연습을 관장하는 훈련관이라
는 기관이 있었습니다. 한명회는 수양대군에게 활쏘기 연습이라
는 명분을 대고 훈련관에 가라고 권했어요. 그리고 훈련이 끝난 뒤
무사들에게 술과 안주를 나눠 주면서 그들과 친분을 쌓으면 된다
고 알려 주었습니다. 오늘날에도 많이 하는 뒤풀이 같은 자리를 주
도하라고 한 것입니다. 한명회는 거사를 성공시키려면 가장 먼저
무엇이 필요한지 그 우선순위를 잘 알고 있었습니다. 이 방법 덕분
에 수양대군은 무사들을 두루두루 사귈 수 있게 됩니다.

한명회는 여기서 그치지 않고 이번 거사에 도움이 되는 인물이
있다며 한 사람을 추천했습니다. 바로 '홍달손'이라는 인물로 한양
도성의 야간 순찰을 담당하는 관직을 맡은 이였는데요. 그는 한양
도성 문을 여닫는 데 도움을 줄 수 있었지요. 도성 출입을 통제함
으로써 거사 과정에서 일어날 수 있는 상대의 움직임을 막는 데 필
요한 인물이었던 것입니다. 이렇듯 한명회는 수양대군에게 거사
의 명분을 주기도 했지만, 거사를 함께 할 지원군을 모으는 데에도
중요한 역할을 합니다.

김종서 세력을 없애기로 결심한 수양대군과 한명회는 마침내
1453년 10월 10일을 최종 거사일로 정합니다. 10월 10일은 홍달
손이 도성 순찰을 감독하는 날이었기 때문입니다. 한명회는 김종
서의 집에 몰래 염탐꾼을 보내 그의 동선까지도 파악하는 주도면

밀함을 보였습니다. 그렇게 철저하게 모든 계획을 세우고 준비한 뒤, 운명의 날을 맞이했습니다.

살생부로 시작된
피의 계유정난

운명의 날이 밝아오고 수양대군은 드디어 거사를 치르기 위해 길을 나섭니다. 이들이 가장 먼저 향한 곳은 어디였을까요? 이번 거사의 표적인 좌의정 김종서의 집이었습니다. 한밤중에 김종서의 집 앞에서 만난 수양대군과 김종서 사이에는 팽팽한 긴장감이 흘렀습니다.

그때 김종서가 어색한 침묵을 깨고 수양대군에게 방으로 들 것을 청했습니다. 그런데 수양대군은 방 안으로 들어가지 않고 뜻밖의 부탁을 했습니다. 김종서에게 편지를 건네며 "이 편지를 먼저 읽어 주시지요"라고 한 것입니다. 갑자기 편지라니요? 김종서는 의아하게 생각했지만 일단 편지를 읽기 시작했습니다.

그 순간! 퍽 하는 소리와 함께 김종서가 쓰러지고 말았습니다. 사방이 어두운 한밤중에 달빛에 의지해 편지를 읽느라 집중한 사이, 수양대군의 신호를 받은 시종이 김종서에게 철퇴를 내려친 것입니다. 수양대군의 거사가 시작된 순간입니다. 김종서를 제거한

김종서 묘 어린 왕 단종을 보필하다 수양대군에 의해 두 아들과 함께 죽음을 당한 김종서는 《고려사절요》와 《세종실록》 등의 편찬에 참여하고 6진을 개척해 국토 확장의 위업을 이룩한 인물이다. 묘지는 세종시에 위치해 있다. 한국민족문화대백과사전 제공.

수양대군은 곧바로 다음 작전에 돌입합니다. 이번에는 누구를 찾아갔을까요? 바로 조카이자 왕인 단종이었습니다.

한밤중 자신을 찾아온 삼촌 수양대군을 마주한 단종은 어떤 심정이었을까요? 수양대군은 떨고 있는 단종에게 말했습니다.

"전하, 제가 지금 김종서를 처단하고 오는 길입니다!"

자신이 가장 믿고 따르는 측근 세력인 김종서를 죽였다니요! 당황한 기색이 역력한 단종에게 수양대군은 자신이 왜 김종서를 공격했는지 그 이유를 말했습니다.

"김종서와 안평대군이 작당해서 전하를 죽이려는 역모를 계획하고 있었습니다."

당시 열세 살이었던 단종은 수양대군의 말을 듣고 이렇게 말했습니다.

"삼촌, 살려 주십시오."

어리고 힘없는 단종이 수양대군에게 할 수 있는 말은 살려 달라는 말뿐이었습니다. 수양대군은 자신이 김종서 세력을 공격한 것은 역모가 아니라 그들이 단종을 죽이려했기에 어쩔 수 없이 한 일이라고 말함으로써 거짓말로 자신의 행동을 정당화했습니다.

그렇다면 김종서를 처리한 수양대군이 단종을 만나고 있을 때, 수양대군의 책사 한명회는 무엇을 하고 있었을까요? 그는 궁궐에 있었습니다. 그리고 궁궐에는 대신들이 하나둘 들어서고 있었지요. 한명회가 거짓 왕명으로 신하들을 속이고 고위 관료들을 궁궐로 불러들인 것입니다. 조정 대신들은 영문도 모른 채 왕명에 따라 한밤중에 서둘러 입궁할 수밖에 없었어요.

바로 그때! 충격적인 일이 벌어집니다. 궁궐로 들어온 지 얼마 안 되어 '쿵쿵' 하는 둔탁한 소리와 함께 귀가 찢어질 것 같은 날카로운 비명이 들렸습니다. 한명회가 심혈을 기울여 준비한 핵심 전략이 시작된 것입니다.

한명회는 거사 직전, 살생부를 작성했습니다. 그러니까 '살殺', 죽여야 하는 사람들은 김종서와 안평대군의 편에 선 사람들이었고

'생生', 살려야 하는 사람들은 수양대군의 편에 선 사람들이었습니다. 한명회는 이 살생부를 들고 궁궐 문 안으로 들어온 대신들의 얼굴을 확인한 뒤 죽여야 할 사람이면 가차 없이 "죽여라" 명령했습니다. 이 말 한마디에 수많은 사람이 그 자리에서 죽임을 당했습니다. 궁궐 바닥은 금세 피로 흥건해졌지요.

> "첫째 문에 들어오면 따르는 하인들을 떼고, 둘째 문에 들어오면 그 이름이 생살부에 실렸으면 홍윤석, 유수, 구치관 등이 쇠몽둥이를 들고 때려죽이니, 황보인, 조극관, 이양 등 죽은 이가 너무나 많았다."
>
> 이긍익,《연려실기술》

이 잔혹한 사건의 전말은 이러했습니다. 일단 궁에는 문이 많았기 때문에 조정 대신들이 첫 번째 문에 들어설 때는 하인들을 들어오지 못하게 해 조정 대신 혼자 문을 통과하게 했습니다. 그리고 두 번째 문에 들어서면 신원확인을 한 뒤 김종서와 안평대군의 편에 선 사람들을 죽였던 것입니다. 여기에도 한명회만의 전략이 숨어 있습니다. 최소한의 인원으로 대신들을 은밀하면서도 재빠르게 제거할 방법을 생각하고 실행한 것입니다.

한명회의 집요한 계획은 여기서 끝나지 않았습니다. '살' 명부에 올랐지만, 사정이 있어서 궁에 오지 못한 이들은 그들이 있는 곳으로 군사들을 보내서 죽였습니다. 집은 물론이고, 공사 현장에서 근무하던 신하는 그 현장으로 직접 군사를 보내 죽였지요. 살생부는 제거하려고 한 사람의 이름만 적힌 명부가 아니라, 그들의 제거 방법까지 치밀하고 완벽하게 계획된 일종의 살생 시나리오였던 것입니다.

그날 밤 얼마나 많은 사람이 죽었을까요? 그 수를 정확히 헤아릴 순 없지만, 기록에 의하면 이날 죽은 이가 수십 명에 달했다고 합니다. 불과 1년 전까지만 해도 경덕궁 궁지기에 불과했던 한명회 손에 수많은 조정 고위 대신들이 속절없이 목숨을 잃고 말았습니다.

이날 수양대군과 한명회가 일으킨 이 거사를 '계유정난癸酉靖難'이라고 부릅니다. 조선 역사의 운명을 바꾼 중요한 사건으로 1453년 계유년에 수양대군이 김종서 등 반대파를 제거하고 정권을 장악한 사건으로 교과서에서도 다뤄지지요. 정난은 '진정시킬 정靖'과 '어지러울 난難'을 써서 '어지러운 상황을 진정시켰다', '편안하게 했다'는 뜻입니다. 한마디로 김종서와 안평대군이 단종을 없애려고 한 난을 수양대군이 진압했다는 의미입니다.

흔히 역사는 승자의 기록이라고 합니다. 계유정난에 관한《단종실록》의 기록은 수양대군 측의 입장에서 쓰인 것으로 볼 수 있기 때문에 수양대군이 내세운 명분이자 그의 정당성을 강조한 기록이라고 할 수 있어요. 그 진위가 의심되는 부분도 많이 있습니다.

궁지기에서 킹메이커로
사육신마저 처단하다

계유정난 이후 조정의 모든 권력은 수양대군에게 넘어갑니다. 수양대군은 계유정난이 성공하자 영의정에 올라 자신을 포함해 거사에 가담한 43명을 정난공신으로 인정해 공신에 책봉했어요. 수십 결의 토지는 물론 그 땅을 경작할 노비에, 온갖 금은보화까지 상으로 내렸습니다. 또 그들을 법 위에 존재하는 사람들로 만들어 주었어요. 정난공신 정인지는 주사가 있었는데 수양대군을 "너"라고 부르거나 "네 말을 듣지 않겠다"라고 막말을 해도 용서받을 정도로 특별 대우를 받았습니다.

한편 계유정난의 1등 공신은 누구일까요? 당연히 한명회였습니다. 한낱 궁지기였던 그는 정난 1등 공신에 책봉되었습니다. 훗날 수양대군은 계유정난을 이렇게 말합니다.

"정난의 일은 한명회가 했고, 나는 한 일이 없다."

《세조실록》 7권, 세조 3년(1457) 3월 28일

한명회가 계유정난을 성공시킨, 사실상 정변의 설계자였음을 수양대군이 인정한 것입니다. 한명회에게는 책사로서 들을 수 있는 최고의 극찬이지 않았을까요?

세조 어진 초본 1935년 이당 김은호가 조수 장운봉과 함께 그린 것으로 1735년에 제작된 세조 어진을 보고 모사한 것으로 추정된다. 곤룡포와 익선관을 착용한 임금의 모습이 묘사되어 있다. 얼굴은 의외로 둥글둥글한 인상을 하고 있으나 채색이 되지 않은 초본이라 정확하게 묘사되지 않았을 가능성이 있다. 초본 외에 채색본인 정본도 만들었으나 6·25전쟁 후 소실돼 초본만 남았다. 국립고궁박물관 소장.

계유정난이 일어난 2년 후인 1455년 6월 11일, 단종은 수양대군에게 왕의 자리를 넘기는 양위를 한 뒤 상왕이 되고, 수양대군은 단종에게 왕위를 넘겨받아 왕이 됩니다. 조선 제7대 왕 세조의 탄생이었습니다. 이 모습을 지켜본 수많은 신하가 눈물을 흘렸지만 한명회만은 기쁨의 미소를 지었지요.

그러나 집권 초기, 세조의 왕권은 어려움을 겪었습니다. 일부 신하들이 권력에 눈이 멀어 피도 눈물도 없이 신하들을 죽이고 어린 조카를 압박해 왕의 자리를 물려받은 세조를 왕으로 인정하지 않았거든요. 세조가 가진 권력이 정당한 것이 아니라는 점이 세조에게는 가장 큰 약점이었지요. 이를 두고 볼 수 없다고 여긴 집현전 출신 일부 관료들이 단종을 다시 왕으로 올릴 단종복위운동을 계획합니다.

1456년 6월, 드디어 거사를 실행할 기회가 찾아옵니다. 명나라 사신을 맞이하는 초대연에서 연회에 참석한 세조와 그 측근들을 암살하기로 결정한 것입니다. 운명의 날, 모든 계획이 완벽하게 준비되어 있었어요. 그런데 연회가 열리기 전에 갑자기 뜻밖의 인물이 연회장에 등장합니다. 그 인물은 다름 아닌 한명회였습니다. 연회장을 유유히 돌아본 한명회는 이렇게 말했어요.

"전하, 연회장이 좁고 무더우니 칼을 찬 호위병을 안으로 들이지 마십시오!"

당시 조선에서는 큰 연회나 행사가 있을 때 유능한 무사가 왕을 호위하게 했습니다. 연회장에도 호위무사들이 있었는데 그중에는 단종복위운동에 가담한 인물이 포함되어 있었어요. 한명회가 세조의 목숨을 살린 순간이었습니다.

한명회는 어떻게 이날 암살이 일어날 걸 알았을까요? 그날 호위무사로 임명된 사람들 가운데는 평소 수양대군을 좋아하지 않던 무리도 포함되어 있었어요. 그들 중에는 단종이 수양대군에게 옥새를 넘길 당시 펑펑 울면서 슬퍼했던 이의 가족도 있었지요. 한마디로 세조의 세력이 보기에는 미덥지 못한 사람들이었기 때문에 평소 눈치가 빠르고 정세를 읽을 줄 알았던 한명회는 호위무사의 명단을 주시하다가 빠른 판단을 내린 것이었습니다.

한명회의 결정으로 단종복위운동은 실패로 돌아가고 말았습니다. 그런데 이후 끔찍한 일이 벌어졌습니다. 거사를 도모한 신하

중 한 명이 동료들을 배신하고 세조를 죽이려던 사실을 고발한 거예요. 이에 세조는 자신을 암살하려 한 일에 가담한 주요 인물들을 잔인하게 고문하고 사지를 찢어 죽이는 거열형에 처합니다. 이들이 바로 우리가 알고 있는 '사육신死六臣'입니다. 사육신은 단종에게 끝까지 충성을 다하다 죽은 여섯 명의 신하로 성삼문, 박팽년, 하위지, 이개, 유성원, 유응부 여섯 명을 말합니다.

세조의 복수는 여기서 멈추지 않았습니다. 이번에는 단종복위 운동의 싹을 잘라버리고자 꺼내 든 칼날을 단종을 향해 뻗었습니다. 한명회를 비롯한 신하들이 단종이 서울에 계속 있다면 언제든지 단종 복위를 명분으로 반란을 일으킬 수 있다고 말했기 때문입니다. 이에 세조는 단종을 상왕에서 노산군으로 강봉하고, 멀고 먼 강원도 영월 땅으로 유배를 보냈습니다.

그러나 그런 쓸쓸한 유배 생활도 그리 오래가지 못했습니다. 수양대군에 반대하다 유배를 간 단종의 삼촌 금성대군이 다시 단종의 복위를 계획하다가 들키고 말았거든요. 결국 이 일로 단종은 죽음에 이르게 됩니다. 불과 열일곱 살밖에 되지 않은 나이에 유배지에서 쓸쓸한 죽음을 맞이하게 된 것이지요. 마을 사람들은 이런 세조의 기세에 눌려 시신조차 제대로 수습할 수 없었다고 합니다. 그렇게 단종의 시신은 한동안 방치되었고, 이를 본 고을의 한 사람이 목숨을 걸고 나가 그의 시신을 수습해 현재의 강원도 영월에 위치한 장릉 자리에 묻어 주었다고 전해집니다.

영월 청령포 영월 서강에 위치한 단종의 유배지인 청령포. 청령포는 삼면이 강으로 둘러싸여 있고 한 쪽으로는 육륙봉六六峰의 험준한 암벽이 솟아 있어서 배를 타고 들어가야만 하는 섬 같은 곳이다. 강원특 별자치도청 제공.

세조를 등에 업고
권력의 정점에 오르다

그 후로도 세조를 공격하려는 크고 작은 움직임이 계속해서 일어납니다. 명분 없이 찬탈한 권력에 반대하는 세력이 끊임없이 들고일어난 것이었지요. 손에 많은 피를 묻히며 왕위에 오른 세조는 왕권 강화에 힘썼습니다. 정국이 불안해질 때마다 세조가 의지한 사람은 누구였을까요? 당연히 세조가 가장 믿는 인물이자 세조를 왕으로 만들었던 한명회였습니다.

세조는 한명회처럼 신뢰할 수 있는 사람을 군사 관련 업무를 총괄하는 도체찰사로 삼아 지방에 파견했습니다. 그를 통해 민심 파악과 함께 지방의 군사와 행정을 확실히 장악해 나갔지요. 한명회를 통해 지방의 동태를 파악하고 수령들을 통제해 반란을 막으려는 의도도 있었습니다. 세조의 신임을 얻은 한명회는 세조가 재위한 14년 동안 무려 열네 번에 걸쳐 도체찰사로 파견되었어요. 세조가 한명회를 얼마나 신뢰했는지는 기록에도 잘 드러납니다.

> "경은 나와 마음을 같이하고 덕을 같이하는 일체一體의 사람이다. 그러므로 특히 경에게 명하여 안찰按察하는 것이다. 경의 이목耳目이 곧 나의 이목이다."
>
> 《세조실록》 5권, 세조 2년(1456) 8월 14일

한마디로 "한명회가 보는 것이 내가 보는 것이며 한명회의 마음은 나의 마음과 같다"고 말한 것입니다. 왕에게 이런 말까지 들은 한명회를 함부로 대할 수 있는 사람이 있었을까요? 한명회는 명실상부 왕 옆에 선 조선 최고의 권력자가 되었습니다.

한명회는 세조의 막강한 지지 속에서 더욱 승승장구합니다. 1462년 우의정, 1463년 좌의정을 거쳐 1466년에는 마침내 최고 관직이자 지금의 국무총리 격인 영의정에 올랐습니다. 경덕궁 궁

지기였던 그가 14년 만에 조선에서 최고 권력이라 일컬어지는 자리에 오른 것입니다. '천하가 한명회의 손안에 있다'라는 말이 돌 정도였으니, 한명회는 조선의 나는 새도 떨어트릴 정도의 권력을 갖고 있었던 셈이지요. 그야말로 인생 역전 그 자체였어요.

하지만 한명회의 욕망은 여기서 멈추지 않았습니다. 그는 권력과 더 가까워지기 위해 왕인 세조와 사돈을 맺었습니다. 한명회에게는 1남 4녀의 자식이 있었는데, 셋째 딸을 세조의 둘째 아들 해양대군과 혼인시켰어요. 그 덕분에 한명회의 위상과 권력은 한층 더 막강해졌습니다.

3대에 걸쳐 왕을 만든 조정의 실세

부와 권력을 쟁취하고 왕의 사돈이라는 타이틀까지 가진 한명회에게 권력이 흔들리는 일이 발생합니다. 그동안 호의호식하며 권력을 누렸던 한명회에게 권력을 준 장본인인 세조가 심하게 아프기 시작한 것입니다. 재위 말년, 심각한 피부병에 시달리며 괴로워하던 세조는 국정에 힘쓸 수 없었고 전국으로 요양을 다녀야만 했는데, 그러다가 1468년 결국 세상을 떠나고 맙니다.

세조 다음으로 왕이 된 사람은 조선 제8대 왕 예종으로, 한명회와 더욱 밀접한 사이였습니다. 예종은 바로 한명회의 셋째 딸과 결혼한 해양대군이었습니다. 이 시기는 예종과 결혼한 한명회의 셋째 딸 장순왕후가 아이를 낳고 죽은 때였지만 한명회와 예종이 장인과 사위 관계라는 사실은 변하지 않으니 운 좋은 한명회는 왕의 장인으로서 다시 권력의 중심에 서게 됩니다.

그런데 얼마 지나지 않아 한명회는 충격적인 소식을 듣게 됩니다. 예종이 즉위한 지 15개월 만에 사망했다는 소식이었어요. 조정은 혼란에 빠지고 한명회 역시 다시 위기를 맞습니다. 하지만 한명회가 어떤 인물인가요? 세조를 왕으로 만든 인물 아닙니까? 한명회는 모시던 왕이 연달아 죽자 또다시 왕을 만드는 데 힘을 쓰기로 합니다.

예종이 사망했을 때, 예종의 둘째 아들은 아직 네 살밖에 되지

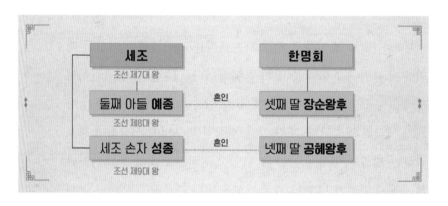

세조 가문과 한명회 가문 가계도

않았습니다. 왕위 계승의 제1후보자였으나 당시 왕실 최고 어른이었던 세조의 부인 정희왕후가 너무 어리고 총명하지 않다는 이유로 반대했지요. 결국 예종의 뒤를 이어 왕이 된 인물은 세조의 손자이자 예종의 형의 아들 성종이었습니다.

그런데 성종은 한명회의 넷째 딸과 이미 결혼한 사이였습니다. 한명회의 넷째 딸이 성종의 첫 번째 부인인 공혜왕후였지요. 왕위 후계자를 결정할 권한을 가지고 있었던 정희왕후가 성종을 다음 왕으로 결정한 데에는 성종의 장인이 한명회라는 사실이 영향을 미쳤던 것으로 보입니다. 성종이 총명하기도 했지만 정희왕후는 왕실을 안정시키기 위해서 한명회 같은 인물이 필요하다고 판단했을 가능성이 있어요.

이렇게 한명회는 사위인 성종이 왕위에 오르며 다시 한번 권력을 쟁취하게 됩니다. 세조부터 예종, 성종까지 무려 3대에 걸쳐 왕을 만든 최고 실세로 군림한 것입니다.

> "성격이 번잡한 것을 좋아하고 과대하기를 기뻐하며, 재물을 탐하고 색을 즐겨서, 전민田民과 보화 등의 등 뇌물이 잇달았고, 집을 널리 점유하고 희첩을 많이 두어, 그 호부함이 일시一時에 떨쳤다."
>
> 《성종실록》 209권, 성종 18년(1487) 11월 14일

당시 한명회는 과시하기를 좋아하면서 재물을 탐했고, 토지와

금은보화 등 뇌물도 받았으며 어여쁜 첩들을 많이 두면서 호사스 럽게 살았다는 기록이 남아 있습니다. 이렇다 보니 조정 관원들이 한명회의 집에 찾아가 직접 말의 채찍을 잡아가며 굽신거리고 아 부하는 일까지 있었어요. 이로 인해 한명회의 권력이 지나치다며 경계하고 못마땅하게 여기는 조정의 신하들도 생겨났지만 한명회 의 권력은 꺾이지 않았습니다.

사위 성종과 펼친 힘겨루기

세월이 흘러 열세 살에 임금이 된 성종이 어느덧 성년이 되었을 때, 7년간 수렴청정을 했던 정희왕후는 대신들에게 수렴청정을 그 만두겠다고 선포했습니다. 드디어 성종이 왕으로서 자기 뜻을 자 유롭게 펼치게 된 것이지요. 그런데 이때 뜻밖의 인물이 정희왕후 의 뜻에 반대합니다. 대체 누가 이의를 제기했을까요? 바로 한명 회였어요. 이제 성종이 직접 국정을 돌보겠다는데, 다른 누구도 아 닌 성종의 장인인 한명회가 가로막은 거예요. 왜 그랬을까요?

성종의 임기 초반에는 국왕이 여러 정상적인 국정 수행이 어렵 자 핵심 재상들이 국왕을 돌보며 국정을 이끌어가는 제도, '원상 제'가 시행되고 있었어요. 그런데 수렴청정이 폐지되면 재상들이 국정을 운영하는 원상제를 없앨 수 있는 명분도 생기니까 한명회로서는 달가울 수 없었지요.

　그러나 수렴청정 폐지를 결정하는 건 정희왕후의 몫인데, 아무리 왕의 장인이라 해도 선을 넘은 행동이었지요. 그런 한명회를 지켜본 성종은 어떻게 생각했을까요?

> *"그런데 다만 이 말로써 살펴본다면 여러 정승들이 나를 믿지 못한*
> *것이 없겠는가?"*
>
> 　　　　　　　　　　《성종실록》63권, 성종 7년(1476) 1월 14일

　성종은 "내가 아직 왕으로 통치할 준비가 안 되어 있다는 것인가?" 물으며 불편한 심기를 드러냈습니다. 성종의 곁에 있던 신하들도 성종이 화가 났음을 눈치채고 한명회가 지나친 권력을 독점하고 있다며 비판했어요.

　"전하, 한명회는 임금을 업신여기고 무례하게 굴었으니 그 죄를 처벌해야 합니다."

　화가 난 성종은 일단은 꾹 참았습니다. 하지만 신하들의 상소는 멈추지 않고 계속되었습니다. 이 상황을 지켜본 한명회는 어떻게 했을까요? 그는 성종을 찾아가 이렇게 말했어요.

　"전하, 신의 발에 난 병이 오래도록 낫지 아니하니 직임을 해임하여 주십시오."

스스로 물러나기를 택한 것입니다. 참으로 뜻밖이지요? 이렇게 한명회는 발이 아프다는 핑계로 관직에서 물러납니다. 어느덧 62세가 된 그는 나이가 들어 더 이상 막강한 권력을 가질 수 없다고 생각했을까요?

조정 대신들의 유례없는 공격을 받고 정치에서 떠난 한명회는 한강변에 정자를 짓고 이곳에서 여생을 보내겠다고 선언했습니다. 그 정자의 모습은 조선 후기 화가 겸재 정선의 그림으로 남아 있어요. 그리고 한명회가 정자를 세운 이 장소는 우리에게도 익숙한 그곳, 서울 압구정狎鷗亭입니다. '친할 압狎'과 '갈매기 구鷗', '정자 정亭'을 써서 벼슬을 버리고 강가에 살면서 갈매기와 친하게 지낸다는 뜻으로 한명회의 호 '압구'를 따서 지은 것입니다. 우리가 아는 서울 강남구 압구정동 지명이 바로 여기서 유래됐지요. 압구정은 은퇴를 선언한 한명회가 권력에서 벗어나 자연을 벗 삼아 유유자적하겠다는 의지를 나타낸 곳입니다.

그렇다면 한명회는 정말로 압구정에서 모든 권력과 욕심을 버리고 조용히 여생을 보냈을까요? 아니었습니다. 오히려 이 압구정 때문에 구설수에 오릅니다.

압구정은 오늘날에도 많은 사람이 찾는 동네지만 조선 시대에도 유명한 관광명소였습니다. 워낙 경치가 좋고 아름다워서 인기가 많았다고 해요. 1481년 6월에는 명나라에서 온 한 사신이 한명회가 지내는 압구정을 관람하고 싶다고 요청해왔습니다.

압구정 겸재 정선이 그린 압구정동 일대의 본모습. 간송미술문화재단 제공.

　정계에서 은퇴했지만 권력에 대한 끈을 놓지 않고 있던 한명회는 그 사신을 압구정에 초대하고 싶었어요. 명나라 사신에게 잘 보이려고 외교 사절 접대를 자신의 사적 공간에서 진행하려고 한 것입니다. 그러면서 한명회는 성종에게 용봉차일龍鳳遮日을 빌려 달라고까지 했습니다. 용봉차일은 용과 봉황이 그려진 천막으로 국가 행사에 쓰는 공적인 물건이었습니다. 자신의 압구정 정자가 좁으니 정자 앞에 왕실의 천막을 쳐서 넓게 쓰겠다고 한 거예요.

　이 말을 들은 성종은 과연 용봉차일을 빌려줬을까요? 성종은 사적 공간에서 외교 사절 접대를 하는 것도 모자라서 국가 의례에 사용되는 기물을 빌려 달라는 요청을 괘씸하게 여겨 거절하고 이렇게 제안했습니다.

"압구정이 좁아 문제가 되는 거라면, 접대 장소를 압구정이 아니라 다른 곳으로 바꾸겠으니 경은 참석하시오!"

사신을 맞이할 장소를 바꾸면 문제가 해결될 것이라고 생각했지요. 그러자 한명회는 불편한 심기를 드러냈습니다.

"아내가 아파서 참석을 못 하겠습니다."

아무리 왕의 장인이라고 해도 왕의 명을 따라야 하는 신하였음에도 한명회는 성종의 말을 따르지 않았어요. 성종 역시 이번만큼은 한명회의 행동을 참을 수 없었습니다. 또다시 화가 난 성종은 한명회에게 내린 부원군이라는 직첩을 거두라고 명하게 됩니다.

죽어서도 형벌을 받은 최고 권력의 비참한 최후

성종에게 장인 한명회는 어떤 존재였을까요? 자신을 왕으로 만들어 준 사람이긴 했지만 때로는 그 권력이 너무 막강해 부담스럽기도 한 존재였겠지요. 새 시대로 나아가는 데 최대의 걸림돌이 되는 인물로 여겼을 것입니다. 그런 와중에 압구정 사건이 일어났으니, 결국 성종은 장인 한명회를 내치게 됩니다. 갈매기를 벗 삼아 조용히 여생을 보낼 것이라 선언했던 한명회는 압구정을 두고 사위인 왕과 힘겨루기를 하다가 쓸쓸히 정치 일선에서 물러나게 되었습니다. 자신이 만든 왕에 의해 완전히 권력을 잃게 된 것입니다.

"만년에 권세가 이미 떠나자, 빈객이 이르지 않으니, 초연히 적막한 탄식을 하곤 하였다."

《성종실록》 209권, 성종 18년(1487) 11월 14일

아부하기 위해 찾아온 사람들로 북적였던 한명회의 집은 한명회가 쥐고 있던 권력이 사라지자 아무도 찾지 않아 적막하기 그지없는 곳으로 변했다고 합니다. 그리고 압구정 사건이 일어난 지 6년이 지난 1487년, 73세의 한명회는 병을 앓다가 사망합니다.

그런데 한명회의 수난 시대는 오히려 그가 죽고 난 뒤에 시작됐습니다. 이미 죽었는데, 무슨 이야기냐고요? 1504년, 성종의 아들 연산군이 자신의 어머니인 폐비 윤씨의 죽음을 파헤치며 관련된 인물들에게 피의 복수를 감행한 갑자사화甲子士禍를 벌였기 때문입니다.

성종의 둘째 부인이자 연산군의 어머니인 폐비 윤씨는 성종의 사약을 받고 사망했습니다. 재위 중 어머니 죽음의 내막을 알게 된 연산군은 폐비 윤씨 폐출 사건을 파헤치기 위해 당시 자료를 찾아 샅샅이 조사했지요. 윤씨 폐출을 막지 않았다는 이유로 한명회에

게도 관직을 없애고 그 시체를 꺼내 토막을 내는 부관참시형이 내려집니다. 조정의 실세로 막강한 권력을 휘둘렀던 한명회는 이렇게 비참한 최후를 맞았습니다.

살생부를 만들어 궁궐을 피로 물들이고 계획대로 세조를 왕위에 오르게 한 킹메이커 한명회! 그는 세 명의 왕을 등에 업고 조선 최고의 권력가가 되어 온갖 부귀영화를 누렸지만, 그의 마지막 모습은 쓸쓸하고도 허무했습니다. 스스로 시련을 자초해 말년에는 권력에서 밀려나 외롭게 죽었고 죽어서는 무덤이 파헤쳐져서 목이 잘리는 형벌까지 받았어요. 자신의 명예와 이익만을 쫓아 저지른 살생에 대한 죗값으로 볼 수도 있을 것입니다.

조선 시대에 한명회처럼 롤러코스터 같은 삶을 산 인물이 또 있었을까요? 그를 통해 모든 권력에는 끝이 있음을 다시 한번 깨닫습니다. 힘이 있을수록 겸손의 가치를 중요하게 여겨야 한다는 사실도요. 한명회가 설계한 수양대군의 왕위 찬탈 사건을 '간신의 시대'로 이동하는 분기점으로 보기도 합니다. 부정의한 지도자의 주위에는 겸손의 미덕을 모르는 부도덕한 참모가 있기 마련입니다. 지략은 있었으나 명분이 없었던 한명회가 킹메이커로 변모해 권력을 가질수록 더 강한 권력을 탐하면서 어떤 파멸의 길을 걸었는지 생각해 볼 필요가 있습니다.

'삶'이라는 글자를 잘 들여다보면 '사람'이라는 글자가 모여 있음을 알 수 있습니다. 타인과 더불어 살아가는 내가 지금 누리고 있는 많은 것이 혼자가 아닌 함께 이뤄낸 것임을 다시금 깨닫게 하는 이야기였습니다. 나의 삶이 나만 잘나서 만들어진 것이 아니라 주변 사람들의 도움을 받으며 만들어진 것임을 한명회의 삶을 반면교사 삼아 기억했으면 합니다.

3장

벌거벗은 여인 천하

송웅섭(총신대학교 역사교육과 교수)

문정왕후는 어떻게
절대 권력을 차지했나

'태릉' 하면 무엇이 떠오르나요? 뉴스에서 자주 들었던 태릉선 수촌이나 서울 지하철 6호선 태릉입구역을 떠올리는 분들이 많을 텐데요. 태릉은 '클 태太'가 쓰인 이름답게 웅장하고 거대한 모습으로 산 중턱에 위치한 화려한 조선의 왕실 무덤입니다. 무덤 주변을 둘러싼 섬세하고 화려한 석조물들이 이 능에 묻힌 인물의 위세가 대단했을 것으로 예측하게 하지요.

절로 위엄이 느껴지는 이 태릉에 묻힌 왕은 누구일까요? 사실 태릉에는 왕이 잠들어 있지 않습니다. 왕이 아닌 왕비가 혼자 묻혀 있지요. 이 커다란 무덤에 홀로 묻힌 왕비는 조선 제11대 왕 중종의 아내이자 제13대 왕 명종의 어머니인 문정왕후입니다.

태릉 서울시 노원구에 위치한 문정왕후의 무덤으로 십이지신과 구름무늬가 새겨진 12면으로 된 병풍석이 둘러져 있다. 무덤 앞에는 상석과 망주석, 사람 모양의 돌조각상 석인이 《국조오례의》에 따라 만들어졌다. 문화재청 제공.

　　문정왕후는 왕위에 오른 아들의 뒤에서 왕보다 더 큰 권력을 휘두른 여인입니다. 심지어 조정의 권력 구도를 바꾸고 직접 정치에 참여하며 국정을 쥐락펴락했어요. 당시 사람들은 문정왕후를 '여주女主', 즉 여자 군주라고 부르며 비판하기도 했습니다.

　　문정왕후는 어떻게 조선의 절대 권력을 차지했을까요? 왕은 아니었으나 왕보다 더 큰 권력을 휘두른 문정왕후! 그녀가 만든 조선 시대 여인 천하 20년을 벗겨보겠습니다.

원자를 돌보게 된
열일곱 살의 새 왕비

때는 1517년, 조선의 수도 한양이 들썩들썩했습니다. 조선 왕실에서 성대한 결혼식이 열리기 때문이었지요. 결혼식의 주인공은 조선 제11대 왕 중종이었습니다. 중종은 성종의 둘째 아들이자 연산군의 이복동생으로, 연산군의 폭정을 견디지 못하고 반정을 일으킨 공신들에 의해 왕이 된 인물이었습니다. 연산군이 폐위되고 중종이 왕으로 추대된 사건을 중종반정이라 하지요. 이날은 서른 살이 된 중종이 재위 12년 만에 세 번째 왕비를 맞이하는 날이었습니다. 그런데 조금 이상하지 않나요? 중종은 어째서 재위한 지 그리 오래되지 않은 시점에 '세 번째' 왕비를 맞았을까요?

중종에게는 왕이 되기 전인 진성대군 시절부터 함께한 조강지처이자 첫 번째 왕비인 단경왕후 신씨가 있었습니다. 하지만 신씨는 중종이 즉위한 지 단 7일 만에 궁 밖으로 쫓겨납니다. 단경왕후의 아버지가 연산군의 처남인 신수근이었기 때문이지요. 폐위된 연산군과 인척이었기 때문에 첫 번째 왕비는 폐비가 되었습니다. 그다음 맞이한 두 번째 왕비 장경왕후 윤씨는 안타깝게도 왕비가 된 지 8년 만에 스물다섯의 나이로 생을 마감합니다. 아들을 출산하면서 앓은 산후병 때문이었습니다.

두 명의 왕비를 잃은 중종이 장경왕후 윤씨의 사망 2년 후에 새 왕비를 맞이하려 한 것이 바로 이 결혼식이었습니다. 그렇다면 중종의 세 번째 왕비가 된 인물은 과연 누구였을까요? 바로 앞서 이야기한 태릉의 주인이자 당시에는 열일곱 살이었던 문정왕후 윤씨였어요. 중종의 세 번째 왕비로 간택된 문정왕후는 그녀를 포함해 당시 조선에서 왕비를 다섯 명이나 배출한 명문가 파평 윤씨 가문의 규수였습니다. 중종의 어머니 자순대비의 집안도 파평 윤씨였지요. 양반가 규수의 평범한 삶을 살고 있었던 윤씨는 하루아침에 조선의 왕비로 운명이 바뀌게 되었습니다.

궁으로 들어오게 된 문정왕후에게는 아주 막중한 임무가 주어집니다. 누군가를 보호하고 잘 키워내야 하는 일이었는데요. 그 누군가는 바로 중종의 두 번째 왕비 장경왕후가 낳은 아들, 인종이었습니다. 문정왕후 입궁 당시, 인종은 엄마를 잃은 세 살배기 아이

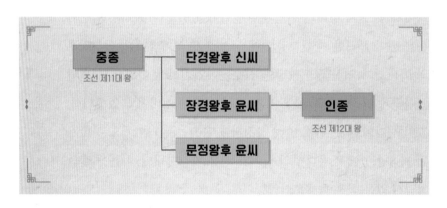

중종 대 왕실 가계도

였어요. 그렇기에 중종과 장경왕후 사이에서 태어난 원자 인종을 잘 돌보고 키워내는 게 열일곱 살밖에 되지 않은 문정왕후가 해야 할 일이었지요.

그런데 당연해 보이는 이 일이 왜 그렇게나 중요하게 여겨졌을까요? 당시 궁궐 안에 인종에게 위협이 될 만한 세력이 있었기 때문입니다. 세 살배기 원자를 남기고 장경왕후가 세상을 떠났을 무렵 중종에게는 총애하는 후궁이 여러 명 있었는데요. 그 후궁 중에서도 중종이 특별히 총애한 인물이 있었으니 바로 경빈 박씨입니다. 경빈 박씨는 중종의 첫 번째 아들을 낳은 후궁으로, 중종의 사랑을 등에 업고 원자보다 나이가 여섯 살이나 많은 아들이 있었으니 그 기세가 하늘을 찌를 수밖에 없었지요.

아들이 있던 경빈 박씨는 호시탐탐 왕비 자리를 노렸습니다. 중종 이전까지만 해도 왕비가 죽거나 폐비가 되면 후궁 중에서 다음 왕비를 뽑는 게 관례였기 때문에 대신들은 행여나 경빈 박씨가 왕비 자리를 차지하지 않을까 노심초사했지요. 경빈 박씨가 왕비가 되면 후계자 자리를 두고 분란이 일어날 게 불 보듯 뻔했으니까요.

대신들은 경빈 박씨가 왕비가 되는 것도 막고 어린 원자가 큰 탈 없이 세자가 되는 상황을 만들기 위해 중종에게 새로운 중전을 간택할 것을 권유했고, 그 결과 관례를 깨고 문정왕후가 왕비 자리에 오르게 된 것이었습니다.

세자에게 모질게 굴며
자신의 아들을 갈망한 계모

열일곱 살의 문정왕후는 친어머니를 잃은 어린 인종의 보호막 역할뿐 아니라 내명부, 즉 궁 안의 여인들까지 관리해야 했습니다. 그러나 어리다고 해서 절대 만만하게 볼 인물이 아니었어요. 문정왕후의 성격을 엿볼 수 있는 기록을 하나 살펴보겠습니다.

> "윤씨는 천성이 강한剛狠하고 문자를 알았다."
>
> 《명종실록》 31권, 명종 20년(1565) 4월 6일

'강한하다'는 '거칠고 사납다'는 뜻입니다. 타고난 성격이 아주 강하고 사나웠다는 것이지요. 기가 센 문정왕후는 웬만해서는 물러서지 않는 인물이었어요. 게다가 이런 묘사에 쐐기를 박은 것이 바로 '문자를 알았다'라는 대목입니다. 조선 시대에 보통의 여인들은 글을 배우지 않았지만 문정왕후는 글을 배워서 똑똑했고 유교적 소양도 지니고 있었어요. 그러니 자신보다 나이가 많고, 궁 생활을 오래 한 기가 센 내명부 여인들 사이에서도 밀리지 않았습니다. 유약하고 순한 왕비는 아니었던 것이지요.

문정왕후가 입궁한 지 3년이 되던 1520년, 원자인 인종은 잘 커서 큰 이변 없이 세자로 책봉됩니다. 왕실의 사랑둥이였던 세자는

특히 중종의 마음을 꽉 사로잡았습니다. 어릴 때부터 공부를 좋아해서 책을 손에서 놓지 않았고 어려운 질문에도 곧잘 "압니다"라며 술술 대답했지요. 그럴 때마다 중종의 얼굴에는 기쁨이 넘쳐흘렀다고 합니다. 눈에 넣어도 아프지 않을 아들이었던 것이지요. 대신들도 "세자는 성군이 되실 겁니다" 말하며 입에 침이 마르도록 칭찬했고 이렇게 인종은 기대와 사랑을 한몸에 받으며 차기 왕으로서 모자람이 없는 모습으로 성장해가고 있었습니다.

그런데 세자인 인종을 한없이 냉랭한 시선으로 바라보는 사람도 있었어요.

"중전이 동궁東宮을 매우 박대하니 놀라운 생각을 견딜 수 없다."

《인종실록》1권, 인종 1년(1545) 1월 18일

한 신하가 세자 인종을 대하는 중전 문정왕후의 모습을 보고 남긴 말입니다. '박대'란 인정 없이 모질게 대했다는 뜻이지요. 문정왕후가 인종을 박대한 이유는 뭘까요?

자신에 대한 중종의 사랑을 확인할수록 '왕비인 내가 아들을 낳는다면 배다른 아들 인종이 아닌 내 아들이 세자가 될 수 있지 않을까?' 혹은 '인종 다음에 내 아들이 왕위를 이을 수 있지 않을까?' 하는 기대를 품었기 때문일 거예요.

세자 책봉 얼마 후 기대감이 더 커지는 일이 일어납니다. 스물한 살의 문정왕후가 드디어 임신에 성공한 것입니다. 열 달 후에는 무사히 출산도 했어요. 아이의 성별이 중요하겠지요? 문정왕후는 아들을 기대했으나 첫아이는 딸이었습니다. 그 후 또 임신해 이듬해 출산을 했지만 이번에도 딸이었어요.

그럼에도 그녀는 포기하지 않았습니다. 8년간 노력해서 세 번째 임신에 성공했고 1530년, 서른 살에 아이를 낳았습니다. 이번에는 아들이었을까요? 셋째 아이도 딸이었어요. 궁에 들어온 뒤 13년 동안 세 번이나 출산했지만 간절한 바람을 저버리고 세 명의 공주만 낳게 된 것입니다.

경원대군의 탄생!
궁 안에 감도는 긴장감

세 공주의 엄마가 된 문정왕후도 입궁한 지 17년이 지나 어느덧 서른네 살이 되었습니다. 당시에는 보통 서른이 넘으면 임신도 출산도 힘들다고 봤지만 문정왕후는 1534년 여름, 간절한 노력 끝에 그토록 기다리던 아들을 얻게 됩니다. 이렇게 태어난 아들이 경원대군입니다. 중종 또한 크게 기뻐했어요. 19년 만에 왕실에 귀한 대군이 태어났으니 경사 중의 경사였지요.

그렇게 3년의 세월이 흘러 무럭무럭 자라나는 경원대군을 흐뭇하게 바라보던 문정왕후의 뒤에서 경원대군을 경계하는 사람들이 나타나기 시작합니다. 당시 세자였던 인종의 편에 줄을 섰던 신하들과 그들의 우두머리 격이었던 좌의정 김안로라는 인물이 견제 세력이었습니다.

김안로는 세자 인종의 누나 효혜공주의 시아버지로 중종과는 사돈지간이었어요. 그는 세자를 보호하겠다는 명분으로 세력을 한껏 키운, 중종의 신뢰 속에서 조정의 실권을 장악한 대신이었습니다. 그 권력이 얼마나 막강했는지 김안로 앞에서는 다들 꼬리를 내리고 설설 기기 바빴어요. 그러니 경원대군을 향한 그의 경계는 어찌 보면 당연했습니다. 경원대군이 인종에게 위협이 될 수도 있었기에 김안로는 후계 구도에 분란이 생기지 않을까 노심초사하며 촉각을 곤두세울 수밖에 없었지요.

한편 김안로의 탐탁지 않은 시선을 느꼈을 문정왕후는 어땠을까요? 상황을 예의주시하면서도 불안한 마음을 감추긴 어려웠습니다. 그렇게 팽팽한 긴장감이 궁 안에 감돌던 그때! 조선 조정에 날벼락 같은 소식이 들려옵니다.

1537년 10월 21일, 대신들이 중종에게 우르르 몰려와서 말했습니다.

"그들이 음흉하고 괘씸한 유언비어를 퍼뜨려 조정을 어지럽힙니다."

"흉악하고 간사한 자들을 한양에 둘 수 없으니 당장 밖으로 내치십시오!"

어떤 이들이 유언비어를 퍼뜨려서 조정을 문란하게 만들고 있으니 내쫓아야 한다는 것이었습니다. 대신들이 지목한 인물은 바로 윤원로, 윤원형 형제였습니다. 익숙한 '윤씨'지요? 맞습니다. 이들은 문정왕후의 남동생들이었습니다. 경원대군의 외삼촌이기도 했지요. 왕실의 외척으로 중종의 신임을 받고 중책을 맡고 있던 문정왕후의 동생들이 유언비어를 퍼뜨리며 나라를 혼란케 한다고 대신들이 들고일어난 것입니다.

게다가 대신들은 연일 중종에게 "음흉한 두 사람을 처벌하소서!" 청하며 압박의 수위를 높였습니다. 결국 중종은 대신들의 압박에 못 이겨 "두 형제를 파직하고 유배 보내라" 명령했습니다.

윤원로와 윤원형은 실제로 죄를 지었던 걸까요? 왕실 내부의 은밀한 내용이라 실록에도 정확하게 적혀 있지 않아 구체적인 내용을 알 수는 없습니다. 다만 전후 맥락을 살펴보면 유언비어로 제기된 것은 '김안로와 그를 따르는 무리가 문정왕후를 해치려고 한다'라는 말이었던 것으로 추측합니다. 그래서 김안로가 윤씨 형제를 공격했던 것이지요.

윤씨 형제가 실제로 유언비어를 퍼뜨렸는지 그 진실을 밝혀보려고 했으나 오히려 김안로가 진실을 파헤치려는 걸 가로막았습니다. 사실 신하들을 통해 윤씨 형제가 죄가 있다고 가짜 뉴스를 만든 배후에는 김안로가 있었던 것입니다. 그리고 김안로의 계략은 곧 문정왕후에게 전하는 경고이기도 했어요. '경원대군을 왕으로 만들 생각은 꿈도 꾸지 말고 가만히 있으라'는 거였지요.

그런데 윤씨 형제가 유배형을 받은 그날 밤, 어떤 이가 은밀하게 중종을 찾아와 이렇게 말했습니다.

"사실은 김안로가 도리에 어긋나는 음모를 꾸미고 있습니다. 오히려 나쁜 이는 김안로입니다!"

윤원로가 중종을 찾아가서 사실은 김안로가 흉악한 음모를 꾸미고 있으며 그중에는 문정왕후를 해하려는 계략도 있다며 억울함을 토로한 거예요.

사건의 전말을 정확히 파악하고 화가 머리끝까지 난 중종은 곧바로 명령했습니다.

"김안로를 유배 보내라!"

여기서 멈추지 않고 3일 뒤에는 김안로에게 사약까지 내렸어요. 그리고 윤원로, 윤원형 형제에게는 죄가 없다며 유배형을 취소했습니다.

중종은 김안로에게 왜 이렇게 가혹했을까요? 김안로는 '세자 보호'와 이른바 사림이라 불리는 선비들의 등용을 주장하면서 세력을 키운 인물입니다. 물론 그 뒤에는 중종의 신임과 후원이 있었지요. 그런데 시간이 지날수록 김안로가 권력을 남용하고 심지어 문정왕후와 갈등을 일으키며 오만한 태도를 보이니 중종은 선을 넘었다고 여긴 듯해요. 또 김안로를 그대로 놔두면 오히려 세자인 인종에게도 위협이 될 수 있겠다고 생각했을 가능성이 큽니다. 중종의 정치적인 판단이 크게 작용한 사건이었습니다.

대윤이냐 소윤이냐
후계를 두고 갈라진 조정

문정왕후에게 위협이 됐던 김안로가 사라진 조선 조정에서는 윤원로와 윤원형의 입지가 점차 올라갔습니다. 문정왕후 또한 두 동생에게 더욱 힘을 실어주면서 아들 경원대군이 왕위에 오를 날을 상상하고 있었습니다.

그런데 여전히 문정왕후와 그의 남동생들을 예의주시하는 인물들이 있었어요. 세자 인종의 측근 세력으로 그 중심에는 윤임이 있었습니다. 윤임은 세자 인종의 어머니이자 중종의 둘째 왕비 장경왕후의 오빠였지요. 즉 세자 인종의 외삼촌이었습니다. 윤임은 어떻게든 자신의 조카인 세자를 안전하게 왕위에 올리고 싶었기에 문정왕후와 윤씨 형제들의 세력이 커지지 않도록 늘 경계했습니다.

각각 세자 인종과 경원대군을 앞세워 대립하던 두 세력! 어느새 조선 조정은 서서히 두 개의 파벌로 나뉘게 되었습니다. 그런데 대립하던 두 윤씨가 공교롭게도 같은 파평 윤씨 가문이었지요. 그래서 세자 인종의 외삼촌 윤임을 중심으로 세자 편에 선 세력을

'큰 대'를 써서 대윤大尹, 경원대군의 외삼촌 윤원형을 중심으로 경원대군 편에 선 세력을 '작을 소'를 써서 소윤小尹으로 구분해 불렀습니다.

대윤의 목적은 세자 인종을 무사히 왕위에 앉히는 것이었습니다. 대윤을 경계한 소윤의 목적은 당연히 경원대군을 왕위에 올리는 것이었지요. 점점 세력을 키워나가던 두 세력은 뒤에서 서로 모함하고 비난하면서 으르렁거렸습니다.

대윤과 소윤이 팽팽한 기싸움을 이어가던 1543년 1월의 어느 깊은 밤, 경복궁 안이 발칵 뒤집히는 일이 일어납니다. 궁녀들과 환관들이 혼비백산 뛰어다니며 비명을 질렀어요. 이날 세자 부부가 거처하는 동궁에 불이 난 것입니다. 동궁 건물을 거의 모두 불태울 정도로 큰불이었어요. 궁궐 안 사람들이 혼비백산한 때, 세자는 불길을 피했고 다행히 잠깐의 혼란으로 그쳤습니다.

그런데 왜 갑자기 동궁에서 불이 났을까요? 불길이 잡힌 후, 동궁 화재를 두고 묘한 소문이 퍼집니다.

> "불 지른 자취가 현저하자 궁중 사람들이 모두 간신 윤원로의 소행이라고 지목했다."
>
> 이긍익, 《연려실기술》

궁에 방화 흔적이 발견되었다는 소문이었어요. 방화의 범인으로 지목된 인물은 윤원로였습니다. 여기서 잠깐, 윤원로를 지목하는 건 곧 누굴 의심하는 걸까요? 당연히 문정왕후입니다. 야사를 모은《연려실기술》에 이런 이야기가 담긴 것을 미루어 볼 때, 당시 사람들이 동궁 화재를 문정왕후와 소윤 세력이 세자 인종을 해치려 한 시도로 여겼음을 알 수 있습니다.

한편 이 소문을 들은 소윤은 어떤 반응을 보였을까요? "이 소문은 우리를 모함하려고 대윤이 퍼트린 것이다!"라면서 노발대발 화를 냈습니다. 이에 대한 대윤의 반응은 어땠을까요? 소윤이 세자인 인종을 제거하기 위해 일으킨 방화라고 굳게 믿지 않았을까요?

그러나 동궁 화재 사건은 결국 나인의 실수로 인한 화재로 종결됩니다. 하지만 그 진실이 무엇이든 간에 이 사건을 빌미로 대윤은 경원대군을, 소윤은 세자를 제거하려 한다는 의심을 키우는 계기가 됩니다. 이렇게 두 외척 세력의 갈등은 정점을 향해 달려가고 있었습니다.

대비가 되어
인종을 압박하다

동궁 화재 사건으로 감정이 극에 달한 대윤과 소윤 사이에 팽팽한 대립이 이어지던 와중에 문정왕후는 청천벽력 같은 소식을 들게 됩니다. 1544년 중종이 57세를 일기로 세상을 떠나고 문정왕후가 그토록 경계했던 장경왕후의 아들인 세자가 조선의 제12대 왕인종으로 왕위에 오른 것입니다. 그리고 이때 문정왕후에게 누군가의 말이 화살처럼 날아와 박히고 말았지요.

"윤임이 반드시 역사_{カ士}를 시켜 대군을 해치려 할 것이니 삼가 보호하여 화를 피함이 마땅합니다."

《명종실록》1권, 명종 즉위년(1545) 8월 28일

윤원형이 문정왕후에게 직접 전한 말입니다. 여기서 '역사'는 힘이 센 사람을 뜻합니다. 즉 윤임을 중심으로 권력을 잡은 대윤이 사람을 시켜서 경원대군을 해치려고 할 것이니 더욱 신경 써서 보호해야 한다는 말이었습니다. 이 말을 들은 문정왕후의 머릿속에는 '대윤이 경원대군을 죽이려 하지 않을까?' 하는 생각이 떠나지 않았을 것입니다.

문정왕후는 이제 겨우 열한 살인 경원대군을 어떻게든 지켜야했습니다. 그래서 이런 놀라운 방법까지 동원했어요. 매일 저녁, 경원대군의 처소를 옮기고 처소 문 앞에 늙은 궁인을 누워 있게 했습니다. 대체 왜 그랬을까요? 이는 자객이 오면 궁인이 알아채고 몸으로 막아 대신 죽도록 준비한 것이었지요.

불안에 휩싸인 문정왕후는 자신의 불안한 마음과 분노를 한 사

람에게 쏟아붓기도 했습니다. 누구에게 화풀이했을까요? 그 대상
은 인종이었습니다. 문정왕후는 인종이 문안을 올 때, 이렇게 원망
을 쏟아냈다고 합니다.

"대윤 때문에 우리 모자는 죽을 겁니다. 살려 주십시오!"

인종 역시 항상 불안해하며 자랐기에 모진 문정왕후에게 복수
하고 싶은 마음이 차올랐을 법도 한데요. 인종은 문정왕후의 원망
을 들을 때마다 미안한 마음에 어찌할 바를 몰랐다고 합니다. 인
종의 묘호에서 '인'은 '어질 인仁'을 사용한 것입니다. 이름처럼 어

영천 인종대왕 태실 왕실에서 자손이 태어나면 태를 폐기하지 않고 명당이나 길지에 묻고 조성한 것이
태실이다. 인종이 태어난 지 6년이 지난 1521년(중종 16년)에 경북 영천에 조성되었으며 태를 보안한
태실과 비석으로 구성되어 있다. 그 규모가 크고 설치 과정을 알 수 있는 기록이 전해져 역사적 가치가
높다고 평가된다. 문화재청 제공.

질던 그는 어머니께서 불안한 건 모두 자신의 탓이라며 햇볕이 쨍하게 내리쬐는데도 불구하고 오랫동안 땅에 엎드려서 문정왕후를 달랬다고 합니다.

인종은 자신을 보호한 대윤이 깜짝 놀랄 명도 내립니다. 소윤의 대표나 다름없는 윤원형을 승진시킨 것입니다. 문정왕후를 안심시키려는 인종의 의도 덕분에 정3품 도승지였던 윤원형은 종2품 공조참판이 됩니다.

기록에 따르면 인종은 천성이 착하고 순하며 효심이 깊었다고 합니다. 자신을 길러 준 어머니인 문정왕후에게 싫은 티를 내거나 소윤 세력을 제거하려는 행동을 전혀 보이지 않았습니다. 하지만 문정왕후의 냉정한 태도와 사나운 행동이 인종에게는 적지 않은 스트레스가 되었으리라 봅니다.

자신을 향한 문정왕후의 압박 속에서 하루하루를 보내던 인종이 즉위한 지 6개월이 흐른 어느 날, 궁궐에 비상이 걸립니다. 인종이 심하게 설사를 하더니 급기야 드러눕고 만 것입니다. 시간은 흐르고 나아질 기미가 보이지 않는 인종의 몸은 뼈가 앙상하게 드러날 정도로 야윈 상태였습니다. 대윤은 더욱 비상사태였겠지요. 인종에게는 단 한 명의 자식도 없었기에 이대로라면 중종의 적자인 경원대군이 다음 왕이 될 수밖에 없는 상황이었으니까요.

윤임은 경원대군 대신 중종의 다른 아들 중에서 왕을 세워야 하지 않을까 생각하며 대윤 세력과 은밀히 전략을 짰을 것으로 추측합니다. 이때 문정왕후는 '혹시라도 벼랑 끝에 몰린 대윤이 경원대 군을 죽이려고 하지 않을까?' 생각하며 긴장하고 있었어요.

그렇게 대윤과 문정왕후가 각자 목숨을 부지하기 위해 날이 선 일촉즉발의 상황! 잠깐 기력을 찾은 인종이 온 힘을 짜내 충격적 인 말을 남겼습니다.

"경원대군에게 전위한다."

경원대군을 다음 왕으로 세우라는 어명이었습니다. 이 말 한마 디에 대윤의 희망은 완전히 무너지고 말았습니다. 한편 그 소식을 들은 문정왕후의 심정은 어땠을까요? 안도의 한숨을 내쉬며 '입궁 후 품었던 꿈이 드디어 이루어지는구나!' 생각하지 않았을까요?

아들 즉위 후 시작된
전례 없는 수렴청정

인종이 승하하고 5일 후인 1545년 7월 6일, 열두 살의 경원대군 이 드디어 조선 제13대 왕 명종으로 즉위합니다. 그리고 문정왕후 는 왕이 된 아들과 함께 조정에서 아주 중요한 역할을 맡았어요. 어린 명종을 대신해 나랏일을 돌보는 '수렴청정垂簾聽政'이었습니다. 수렴청정에서 수렴은 '발을 내린다'는 뜻이고 청정은 '왕을 대신해 국가 정무를 보는 것'을 의미합니다. 말 그대로 발을 내리고 그 뒤에서 왕을 대신해 국사를 처리하는 일을 말하지요. 성인이 되지 않은 어린 왕이 즉위하는 경우 대궐의 가장 큰 어른인 대왕대비나 대비가 발을 치고 왕과 함께 정사를 담당하는 제도였어요.

여기에 재밌는 사실이 하나 있습니다. 대비가 국정을 볼 때 발을 내리는 수렴은 문정왕후 때 처음으로 시행되었어요. 문정왕후 이전에 수렴청정했던 성종의 할머니이자 세조의 부인인 정희왕후는 직접 편전에 나오지는 않았거든요. 자신의 거처에서 중요한 사안을 보고받고 결정했지요. 문정왕후는 이전과 차원이 다른 수렴청정을 펼쳤습니다. 조선 최초로 직접 왕이 업무를 보는 편전으로 나와서 국정을 운영한 것입니다.

심지어 왕이 신하들과 학문을 닦고 국정을 논하는 '경연經筵'에도 참석했습니다. 대신들과 함께한 자리에서 문정왕후는 자신의 의견을 강력하게 내세웠다고 합니다. 나서서 논의를 주도했고 비판은 강하게 제압했어요. 사건 사고가 끊임없던 중종 대를 거치면서 산전수전을 겪은 문정왕후는 정치 경험이 많았고 왕실에서 가장 지위가 높았습니다. 앞서 이야기했듯이 여성으로서는 드물게 유교적 소양도 갖춘 데다가 타고난 성품이 강한했기에 신하들은 반대하는 의견을 내기가 쉽지 않았습니다.

문정왕후는 명종이 정치를 하도록 돕는 역할이었지만 마치 자신이 왕인 것처럼 적극적으로 정치 전면에 나섰습니다. 문정왕후가 적극적으로 국정을 운영할수록 자연히 명종은 정치에서 점차 소외되었습니다. 수렴청정이라고 해도 원칙상 명종이 먼저 보고를 받고 명을 내려야 했지만 힘없던 그가 문정왕후 옆에서 무엇을 결정할 수 있었을까요? 할 수 있는 게 없었습니다. 어린 명종은 점점 존재감이 사라졌고 허수아비 왕이 되어갔습니다.

대윤 숙청의 시작,
을사사화의 발발

문정왕후가 조선 조정을 장악한 지 한 달 반이 지났을 무렵 문정왕후는 마침내 벼르고 있던 무시무시한 작업에 돌입하기로 마음을 먹습니다. 윤임을 포함한 대윤 세력을 몰아내는 일이었지요. 그리고 명종이 즉위한 1545년 8월, 절호의 기회가 찾아옵니다.

소윤 세력 신하들이 명종을 찾아와서 말했습니다.

"윤임이 과거부터 지은 죄가 크니 이제 멀리 내치셔야 합니다."

윤임을 포함한 대윤이 예전부터 명종과 문정왕후에게 지은 죄가 크니 조정에서 몰아내자는 말이었지요. 그러고는 앞다퉈 문정왕후가 왕비였던 시절부터 윤임과 대윤 세력이 어떤 죄를 지어왔는지 미주알고주알 이야기했습니다. 명종 옆에서 이 말을 들은 문정왕후는 단숨에 대윤을 제거할 기회로 여기고 죄가 큰 윤임과 대윤 세력을 유배 보낼 것을 명령했어요. 이렇게 모든 계획이 착착

들어맞는 듯했습니다.

그런데 대신들이 벌주는 절차를 들어 문정왕후의 계획에 제동을 걸었습니다.

"윤임 등에게 실로 죄가 있다면 승정원에 하교하시어 그 죄를 조사한 뒤에 벌을 주어야 합니다."

승정원은 왕명의 출납을 맡았던, 임금 직속의 비서 기관입니다. 사실 이때 문정왕후는 동생인 윤원형에게 윤임을 몰아낼 계획을 만들라고 몰래 밀지를 내려줬는데요. 이를 알아챈 조정 대신들이 승정원에 하교하는 절차를 따르지 않았으니 잘못되었다고 말한

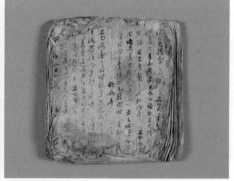

승정원일기 국왕과 신하들의 국정 논의 내용, 국왕에게 올린 상소문 등을 기록한 관청일기. 승정원에서 매일 취급한 역대 왕들의 지시와 명령, 각종 회의 및 상소 등이 모두 축약 없이 수록되어 있어 조선사 연구의 제1차적 자료로서 평가되고 있다. 그 가치를 인정받아 국보 303호, 유네스코 세계기록유산으로 지정됐다. 서울대학교 규장각한국학연구원(좌), 국립중앙박물관(우) 제공.

것입니다. 윤원형을 시켜 여론몰이했으니 옳지 않다며 윤임의 처벌에 반대했지요.

점점 거세지는 조정 대신들의 반대 여론을 두고 문정왕후는 벼락같이 화를 냈습니다.

"예전부터 윤임이 나와 명종을 죽이려 한 걸 알면서도 대신들은 아무도 벌하려고 하지 않았다! 그러니 내가 답답해서 윤원형에게 시켰다!"

윤임이 위협이 되는 존재인 걸 알면서도 다들 입을 꾹 다물고 있으니 답답해서 윤원형을 시켜서 윤임의 죄를 공론화한 것이라며 대놓고 사전에 밀지를 내린 걸 인정한 것이었지요. 윤임의 처벌에 반대하는 대신들도 가만두면 안 되겠다고 생각한 문정왕후에게 마침 윤임과 대윤에 관한 충격적인 사실이 상소로 올라옵니다.

> "인종께서 승하하신 뒤에는 스스로 불안하고 두려운 생각이 나서 몰래 권신과 결탁하여 불궤不軌를 도모했으니 그 정상을 추구해 보면 죽여도 죄가 남습니다."
>
> 《명종실록》 1권, 명종 즉위년(1545) 8월 28일

불궤는 '역모를 꾀한다'는 뜻으로 상소에는 호시탐탐 문정왕후와 명종을 노리던 윤임이 인종이 승하한 후 대윤 세력과 힘을 합쳐서 역모를 꾸몄다는 말이 쓰여 있었습니다. 이 상소는 정순붕이라

는 대신이 올린 것으로 정순붕은 윤원형에게 붙은 최측근 소윤이었어요. 상소를 이용해 문정왕후가 마음껏 칼춤을 출 수 있는 명분을 제공해 준 것이었습니다.

이 상소 한 장은 조정의 분위기를 단숨에 뒤집어 버립니다. 대윤에게 역모의 혐의가 분명하게 씌워진 이상, 이제 누구도 문정왕후에게 반기를 들 수 없었습니다. 자칫 역모죄를 쓴 사람을 편들었다가는 함께 제거될 수도 있었으니까요.

결국 대윤의 수장 윤임은 유배지에서 사약을 먹고 죽게 되었습니다. 윤임과 함께 엮였던 대윤들 역시 사사되었어요. 더 충격적인 것은 문정왕후가 이들의 목을 잘라서 3일 동안 거리에 전시해 놓도록 명하기까지 했다는 점이었습니다. 윤임의 가족과 친인척, 친구, 하인까지 대거 붙잡혀서 극심한 국문을 당한 후 유배당하거나 노비로 전락했습니다. 그뿐 아니라 대윤과 조금이라도 관련된 사람은 모두 역모로 처벌받게 되었지요.

이 사건이 바로 1545년 을사년에 대윤을 비롯한 선비들이 대거 화를 입은 '을사사화乙巳士禍'입니다. 이때 윤임을 중심으로 대윤의 대신들 그리고 대윤과 뜻을 함께한 젊은 관리들과 종친들이 대거 죽음을 맞았습니다. 인종의 외척 세력이 대부분 조정에서 제거되었고 화를 당한 사람 가운데는 어느 편에도 서지 않고 중립을 지켰던 신하들도 상당수 포함되어 있었습니다. 문정왕후의 뜻에 동의하지 않았다는 이유로 죽게 된 것이었습니다.

대윤의 뿌리를 뽑은
양재역 벽서사건

조선 조정에 피바람을 몰고 온 을사사화가 일어난 지 2년 후, 예상치 못한 사건이 또 한 번 조정을 뒤흔듭니다. 사건은 한 신하가 흉흉한 괴문서가 있다며 문정왕후에게 그 문서를 바치면서 시작되었습니다. 과연 그가 바친 괴문서의 정체는 무엇이었을까요?

> "여주★표가 위에서 정권을 잡고, 간신 이기 등이 아래에서 권세를 농간하고 있으니, 나라가 장차 망할 것을 서서 기다릴 수 있게 되었다. 어찌 한심하지 않은가."
>
> 《명종실록》6권, 명종 2년(1547) 9월 18일

빨간색 글씨로 쓰인 이 문서는 조선 시대 말죽거리에 위치한 양재역의 벽에 붙어 있었습니다. 조선 시대에 '역驛'은 여행자들에게 말을 빌려주고 숙식을 제공하던 곳이었어요. 그러니 그곳에는 사람들도 북적북적 많았겠지요. 그런 곳에 이런 글이 떡하니 붙어 있었던 것입니다.

문정왕후는 이 벽서의 내용을 보고 엄청나게 화를 냅니다. 벽서에서 비판하는 여주는 문정왕후, 간신이라 칭한 이기는 좌의정을 지내고 있던 소윤의 대표 인물이었지요. 이 두 사람이 나라를 망치

고 있다는 내용에 문정왕후는 분노했습니다. 옆에 있던 윤원형과 소윤 또한 분노에 찬 목소리로 대윤의 잔당이 남아 있어서 이 사달이 났다고 말했어요.

"당초 역적의 무리를 제대로 처리하지 않아서 이런 게 나붙은 것이옵니다!"

문정왕후는 "당장 대윤 잔당을 벌하라!" 명했고 또다시 살벌한 숙청이 시작되었습니다. 문정왕후는 대윤 세력의 잔당 20여 명을 가차 없이 유배 보냈고 대윤과 조금이라도 연관이 있으면 모조리 유배를 보내거나 죽음에 이르게 했습니다. 기다렸다는 듯이 빠르게 숙청이 진행되어 혹시 이 벽서도 문정왕후가 꾸며낸 것이 아닌지 의심하는 분도 있을 텐데요. 벽서를 조작한 것 같지는 않습니다. 하지만 잘 이용한 것은 분명하지요.

1547년 정미년에 일어난 대대적인 대윤 숙청 사건을 '양재역 벽서 사건' 혹은 을사사화의 연장선에서 '정미사화丁未士禍'라고 부릅니다. 문정왕후는 을사사화부터 시작해 무려 5년이 넘는 기간 동안 대윤파를 집요하게 숙청했습니다. 대윤의 핵심부는 물론 그들의 가족, 그리고 권력에 방해가 될 만한 사람까지 무려 100명이 넘는 사람들을 처벌한 어마어마한 규모였어요.

당시 상황을 묘사한 기록에는 '한때의 명사가 거의 다 귀양 가고 죽어서 조정이 텅 비었다'라고 적혀 있습니다. 벽서 사건을 통해 문정왕후와 그 외척은 조정을 완전하게 장악했고 권력을 더욱 단단하게 다지게 되었지요.

그뿐만이 아니었습니다. 문정왕후는 을사사화에서 윤임의 죄를 엮은 데 공이 큰 신하 스물여덟 명에게 큰 포상을 내려 공신에 책봉했습니다. 급기야 문정왕후가 왕비였을 당시에는 말단 관리에 불과했던 동생 윤원형을 정2품 이조판서에 올리기까지 했습니다.

문정왕후가 윤원형을 이조판서에 앉힌 이유는 따로 있었습니다. 이조판서에게는 관직 후보자를 추천할 수 있는 특별한 권한이 있었거든요. 이후 윤원형은 미관말직부터 고위직, 심지어 언론 삼사에 이르기까지 조정의 모든 신하를 문정왕후 입맛에 맞는 인물

문정왕후 상존호 금보 문정왕후가 대왕대비였던 명종 2년에 '성렬聖烈'이라는 존호尊號를 올리는 것을 기념하고자 제작된 어보다. 어보는 조선왕조에서 여러 의례 때 사용하기 위해 제작한 것으로 국가의 정통성과 권위를 나타낸다는 점에서 제작 당시부터 종묘에서 엄격하게 관리했다. 어보에는 거북 형태가 많은데, 바닥에 납작 엎드린 모습이 왕 앞에 엎드린 신하의 모습과 같아 왕실의 권위를 상징하는 어보에 잘 어울린다고 보았기 때문이다. 국립고궁박물관 제공.

로 채워 넣었습니다. 그렇게 조선 조정은 온통 문정왕후에게 아부하는 이들로 가득하게 됩니다.

막강한 권력으로
조선의 통치 근간을 뒤흔들다

을사사화와 양재역 벽서 사건을 거치며 조선 조정을 완벽히 장악한 문정왕후! '여주'라는 비난이 괜한 소리가 아닐 정도로 문정왕후는 계속해서 강력한 권력을 휘둘렀습니다. 수렴청정한 지 5년이 흘렀을 무렵인 1550년 12월, 문정왕후는 또다시 조선 전체를 발칵 뒤집어 놓는 행보를 펼칩니다. 바로 불교를 부흥시키겠다는 뜻을 밝힌 것이지요. 이 소식에 조선의 사대부들은 경악을 금치 못했습니다.

앞서 말했듯이 조선이라는 나라를 이끄는 핵심 이념은 유교였습니다. 당시 조선은 유교를 숭상하고 불교를 배척한다는 숭유억불 정책을 유지하고 있었지요. 유교 이외에 다른 종교는 이단으로 취급했습니다. 당시에는 공식적인 불교 행사도 금지되어 있었습니다. 불과 얼마 전인 중종 대에는 승려 선발시험인 승과도 폐지되었을 정도였어요. 조선 땅에 불교를 부흥시키려는 움직임은 조선의 통치 근간을 뒤흔드는 위험한 시도였습니다.

물론 당시 일부 왕실 여성들이 불교 행사에 참여하고 있던 것은 사실이기는 합니다. 하지만 모두 암암리에 행동했지요. 그러나 문정왕후는 그러지 않았어요. 권력이 막강했으니 사대부와 유생의 경악에도 아랑곳하지 않고 불교를 공식적으로 부활시키려 했습니다. 그야말로 문정왕후라서 가능했던 일이지요.

문정왕후는 불교를 부흥시키는 일에 거침이 없었습니다. 일단 금지됐던 불교 관련 제도들을 되살렸습니다. 중종 때 폐지됐던 승과를 전격 부활시키라 명한 뒤 승려들의 신분을 국가에서 공인해 주겠다고 선언했습니다. 그리고 자신이 믿고 따르던 보우라는 승려를 당시 왕릉을 지키던 권위 있는 사찰인 봉은사 주지로 임명했어요. 측근 승려를 통해 불교 행사를 펼치며 부흥시키고자 한 의도가 반영된 것이었지요.

이런 문정왕후의 불교 부흥 정책에 사대부와 성균관 유생은 극렬하게 반대했습니다. 문정왕후가 불교를 부흥시키겠다는 선언을 한 이후 6개월 동안 반대 상소가 400건이 넘게 올라올 정도였어요. 하지만 문정왕후는 반대하는 목소리가 아무리 커도 굴하지 않고 계속해서 불교를 지원했습니다.

문정왕후가 얼마나 불교에 애정을 쏟았는지는 그녀가 노년에 제작한 불화 〈약사여래삼존도〉를 보면 알 수 있습니다. 이 불화에 쓰인 재료를 유심히 볼 필요가 있는데요. 무려 금가루를 재료로 사용했기 때문입니다. 이런 불화를 '금니화金泥畵'라고 부릅니다. 금니

화는 검은색이나 풀색 바탕에 금가루를 탄 물로만 그린 그림을 말해요. 문정왕후는 금으로 그린 불화 200점, 화려하게 채색한 불화 200점을 제작해 전국 사찰에 보내기까지 했습니다.

그런데 이렇게 화려한 불화를 제작하고 전국 사찰을 지원하는 데 필요한 돈은 대체 어디서 마련한 걸까요? 황당하게도 왕실 재정을 끌어다가 썼습니다. 심지어 백성들의 토지와 노비를 빼앗아 마련한 재정도 사용했어요.

문제는 이뿐만이 아니었습니다. 막강한 권력을 마구 휘두르던 문정왕후도 문제였지만 측근 중 한 명이 황당한 일을 벌이고 있다는 소문도 들려왔습니다.

윤원형이 이조판서를 여러 번 역임하며 돈을 받고 벼슬을 파는 매관매

회암사명 약사여래삼존도 문정왕후 대에 제작된 총 400점의 불화는 대부분 흩어지고, 국내에서는 조선 전기 가장 규모가 큰 왕실 사찰이었던 회암사에 〈약사여래삼존도〉만이 유일하게 보관되어 있다. 당시 조선 여성들의 활동과 궁중미술을 연구하는 데 매우 중요하게 평가되는 작품이다. 국립중앙박물관 제공.

직을 일삼고 있던 것입니다. 당시 높은 벼슬을 얻고 출세하고 싶은 사람들은 어떻게든 더 많은 뇌물로 윤원형의 환심을 사려고 난리였습니다.

"윤원형이 이 직을 여러 번 하면서 벼슬을 팔고 뇌물을 받기를 마치 시장의 장사꾼같이 하였다."

《명종실록》 23권, 명종 12년(1557) 7월 15일

과연 문정왕후는 동생 윤원형의 부정부패를 몰랐을까요? 당연히 알았습니다. 그러나 혈육이자 관료인 윤원형은 자신이 조정 대신들을 장악하기 위해 꼭 필요한 존재였지요. 문정왕후는 윤원형을 꾸짖기는커녕 보란 듯이 재상인 우의정 자리까지 올리며 감싸주었습니다.

두 남매의 권력 남용은 여기에 그치지 않았습니다. 문정왕후는 윤원형을 위해 조선에서 절대 허용되지 않던 일까지 해줍니다. 조선 사대부는 이 일 때문에 충격에 휩싸였지요. 그 일은 바로 윤원형의 첩 정난정에게 '정경부인'이라는 직첩을 내린 것이었습니다. 왜 사대부는 이 일로 놀라 충격에 빠진 걸까요? 정경부인은 1품에 해당하는 고위 문무관의 정실부인만 받을 수 있는 직첩이었기 때문입니다. 정난정은 원래 노비의 딸로 윤원형의 눈에 들어 첩이 된 인물입니다. 조선의 법도상 첩은 처가 될 수 없었고 더구나 정경부인은 첩의 신분으로는 감히 상상도 할 수 없는 작호였지요. 그런데 왕실 어른인 문정왕후가 직접 법도를 깨고 윤원형의 첩을 정실부인으로 공식 인정한 것입니다. 조선의 근간과 법도를 뒤흔드는 결정이었지요.

문정왕후의 철렴 선언
하지만 계속되는 영향력

절대 권력을 자랑하던 문정왕후는 1553년 7월, 명종과 대신들을 긴급 소집해 모두가 깜짝 놀랄 선언을 했습니다.

"다시는 정사에 참여하지 않을 것이다."

8년간 해온 수렴청정에서 물러나겠다고 한 것이지요. 갑자기 이게 무슨 일일까요? 이렇게 선언한 이유는 명종의 나이 때문이었습니다. 이때 명종은 스무 살이었습니다. 왕이 장성하였으니 물러날 때가 된 것이었지요.

한순간 문정왕후의 수렴청정은 끝이 나고 드디어 명종은 직접 정치를 하게 되었습니다. 명종은 문정왕후의 그늘에서 벗어나 '이제 내 정치를 펼쳐보겠다!' 생각하면서 기대에 부풀지 않았을까요? 그러나 명종의 꿈은 제대로 실현되지도 못하고 금세 사그라들 수밖에 없었습니다. 여전히 조정에는 문정왕후의 분신들이 남아 있었기 때문입니다.

문정왕후는 윤원형을 통해 조정 대신들을 움직였고 원하는 게 있으면 명종을 직접 압박하기도 했습니다. 끊임없이 간섭하는 어머니의 말을 아들 명종은 가능한 한 따라 주었어요. 하지만 모든 걸 어머니 뜻대로 할 수는 없으니 한 번씩은 거절하기도 했습니다. 문정왕후는 그런 명종을 보고 어떤 반응을 보였을까요?

"조금만 여의치 않으면 곧 꾸짖고 호통을 쳐서 마치 민가의 어머니가 어린 아들을 대하듯 함이 있었다."

《명종실록》 31권, 명종 20년(1565) 4월 6일

아니나 다를까 가만히 있지 않았습니다. 마치 민가의 어머니가 아들을 대하듯 왕인 명종을 불러 꾸짖기 일쑤였습니다. 조선의 왕이 계속 어머니 눈치를 봐야 했던 것이지요. 명종은 혼자 조정을 이끌게 된 뒤에도 어머니 문정왕후의 짙은 그늘에서 벗어날 수 없었습니다.

정치에서 물러나겠다고 선언했지만 여전히 권력을 휘두르는 문정왕후를 보며 명종은 마침내 자신이 주도하는 정치를 하겠다는 과감한 결단을 내리게 됩니다. 조정에 자리 잡은 문정왕후와 윤원형 세력의 영향력을 줄여나가기 위해 우선 자기 세력을 만들려고 했어요. 하지만 명종의 움직임을 본 문정왕후는 굴하지 않고 명종을 불러 말했습니다.

"나와 윤원형이 아니었다면 상에게 어떻게 오늘이 있었겠소."

명종을 왕으로 만들어 준 게 어머니인 자신과 외삼촌들인데 어떻게 내칠 생각을 하냐며 또다시 혼을 낸 것이지요. 문정왕후는 아들에게도 권력을 나눠주고 싶지 않았던 것일까요? 아마 수렴청정을 끝낸 뒤라 내심 자신의 편에 선 대신들이 조정에서 사라지지 않을까 불안해서 그랬던 것으로 보입니다.

문정왕후가 죽은 뒤
빠르게 지워진 흔적들

명종의 견제 속에서도 권력을 놓지 않으려 했던 문정왕후가 권력을 내려놓는 순간이 찾아옵니다. 누구에게나 닥치는 죽음이라는 끝이 찾아온 것이지요. 병을 앓던 문정왕후는 1565년 4월 세상을 떠났습니다. 향년 65세, 그녀의 20년 권세도 그렇게 막을 내렸습니다.

막대한 권력도 재물도 다 내려놓고 눈감아야 했던 문정왕후에게는 마지막 소원이 하나 있었습니다. 죽어서는 남편 중종 옆에 묻히는 것이었지요. 이야기를 시작할 때 살펴본 태릉을 기억하고 있지요? 그런데 지금 그곳에는 문정왕후 홀로 묻혀 있다고 했었는데요. 어째서 중종 곁에 묻히지 못한 걸까요?

중종이 묻힌 곳은 현재 서울시 강남구에 위치한 '정릉'인데, 비가 많이 오면 정릉 주위가 계속 물에 잠겼습니다. 아들 명종은 그런 곳에 문정왕후를 묻을 수 없다며 다른 자리를 원했고, 그렇게 해서 묻히게 된 곳이 정릉에서 10킬로미터 정도 떨어져 있는 태릉이었습니다.

문정왕후의 죽음 이후 조선은 빠르게 변해갔습니다. 대신들은 명종을 압박해 문정왕후의 흔적을 발 빠르게 지워나갔어요. 부활했던 승과가 다시 사라졌고 전국 사찰에 후원도 끊겼습니다. 문정

양주 회암사지 고려 시대에 지어진 회암사가 있던 곳으로, 회암사는 문정왕후의 도움으로 전국 제일의 사찰이 되었었다. 문정왕후는 이곳에서 손자의 복을 기원하는 법회를 준비하다 몸이 상해 일어나지 못했고 결국 세상을 떠났다. 이후 회암사는 억불정책으로 인해 불태워졌다. 문화재청 제공.

왕후의 총애를 받던 승려 보우는 제주로 귀양 갔다가 결국 목숨을 잃게 되었고요.

윤원형과 정난정은 어떻게 되었을까요? 정난정은 윤원형의 정실부인을 독살했다는 혐의로 문초를 당했고, 이후 독을 먹어 스스로 목숨을 끊었습니다. 윤원형은 명종 밑에서도 권력을 누렸지만 문정왕후가 죽은 뒤 권력을 모두 잃고 쓸쓸히 생을 마감했습니다. 문정왕후와 함께한 외척들의 권세는 문정왕후의 사망 이후 모래성처럼 무너져 내리고 말았지요.

누구보다 큰 권력을 쥐었던 문정왕후는 그녀를 탐탁지 않게 본 당대 사관에 의해 작성되어서 제대로 설명되지 않은 부분이 있을 수도 있어요. 그러나 권력을 옳지 않게 쓴 것은 사실입니다. 문정왕후가 동생 윤원형 등 외척 세력을 요직에 앉힌 이후 조선 조정이 부정부패로 얼룩졌고 백성들이 크게 고통받았으니까요.

남성 중심의 조선 사회에서 대신들에게 밀리지 않고 목소리를 낸 문정왕후는 스스로 쟁취한 힘과 능력으로 좋은 정치를 해나갈 수 있었던 인물입니다. 그러나 그 능력을 자신과 가문의 권세를 공고히 하는 도구로 사용해 국가를 혼란에 빠뜨리고 말았지요. 뛰어난 정치 능력이라는 장점은 가려지고 '악후惡后'의 인상이 선명하게 남은 것은 이 때문일 것입니다.

문정왕후가 탁월한 리더십을 발휘해 민생 안정에 힘썼다면 그녀에 대한 평가는 크게 달라졌을 테지요. 오늘날 권력을 쥔 자들의 이야기도 언젠가는 역사가 되어 후대에 평가받게 될 것입니다. 지나간 역사를 공부해야 하는 이유가 바로 여기에 있습니다. 과거를 통해 배운 이는 내가 가진 힘으로 한 선택이 어떤 결과를 가져올지 명확히 알 수 있을 테니까요.

4장

벌거벗은
임꺽정의 난

한희숙(숙명여자대학교 역사문화학과 교수)

의적으로 알려진
조선 3대 도적 임꺽정의 진실

영화 제목으로도 익숙한 '범죄와의 전쟁'. 실제로 우리나라에서 1990년 10월 13일 특별선언을 통해 선포된 말이기도 합니다. 당시 정부는 범죄와 폭력을 소탕하기 위해 전쟁을 선포하고 헌법이 부여한 모든 권한을 동원해 폭력 조직을 와해시키려 했지요. 이에 대해서는 빛과 그림자가 존재하지만, 어찌 되었든 이 전쟁의 목적은 민생치안 확립이었습니다.

그런데 놀랍게도 이런 일은 현대에만 있는 것이 아니었습니다. 조선 시대도 비슷한 일이 벌어졌었지요. 이른바 '조선판 범죄와의 전쟁!' 그 중심에는 홍길동, 장길산과 더불어 조선을 뒤흔든 3대 도적 '임꺽정'이 있었습니다.

많은 사람이 드라마와 소설, 만화를 통해 임꺽정을 접했기 때문에 그를 탐관오리를 혼내 주고 백성을 도와 준 정의로운 도적, 즉 의적으로 알고 있을 것입니다. 그런데 실제로도 임꺽정은 정의로운 인물이었을까요?

놀랍게도 실록 속의 임꺽정은 우리가 알고 있는 것과 정반대의 모습을 하고 있습니다. 조선 조정에서 기록한 임꺽정의 이야기를 한번 볼까요?

> "도적의 두목 임꺽정이 흉악한 무리들을 불러 모아 사람을 죽이고 재물을 빼앗는 등 못하는 짓이 없더니 심지어 관군에 대적하여 왕사王使를 죽이기까지 하였습니다."
>
> 《명종실록》 27권, 명종 16년(1561) 1월 7일

도적 임꺽정이 사람을 죽이고 재물을 뺏더니 심지어 왕이 보낸 관리인 왕사까지 죽이며 나라에 대적했다는 말인데요. 사실 실록에는 임꺽정이 흉악한 도적으로 기록되어 있지, 백성을 도왔다는 기록은 어디에도 남아 있지 않습니다.

그런데 이상하지 않나요? 왜 우리가 본 드라마와 소설에는 실제 기록과는 다르게 임꺽정이 의적으로 등장했을까요? 이제부터 조선을 발칵 뒤집은 세기의 도적 임꺽정의 실체를 낱낱이 벗겨보겠습니다.

천민 중의 천민
백정 임꺽정의 생존 전략

임꺽정이 언제 태어났는지, 또 가족 관계는 어땠는지를 알 수 있는 기록은 실록과 야사 어디에서도 찾아 볼 수 없습니다. 하지만 그의 고향에 대한 기록만은 남아 있어요. 임꺽정의 고향은 경기도 양주였고 이곳에서 그는 어린 시절부터 순탄하지 않은 삶을 살았습니다. 태생부터 평범하게 살 수 없는 신분이었기 때문이지요.

"임꺽정은 양주의 백정이다."

《국조보감》

실록을 바탕으로 조선 역대 임금의 업적을 엮은《국조보감》에 따르면 임꺽정의 신분은 백정이었습니다. 보통 백정이라고 하면 소나 돼지를 도축하는 모습을 떠올리는데요. 백정들의 선조는 대다수가 고려 말에 정착한 유목민이었습니다. 유목민의 관습대로 농사를 짓지 않았고 도살업이나 유목민 생활을 하며 마을에서 떨어진 외딴곳

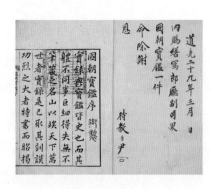

국조보감 국립중앙박물관 제공

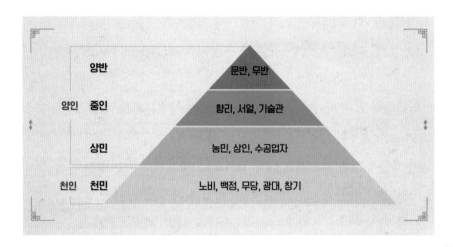

양인	양반	문반, 무반
	중인	향리, 서얼, 기술관
	상민	농민, 상인, 수공업자
천인	천민	노비, 백정, 무당, 광대, 창기

조선 시대 신분 제도와 사회적 지위

에서 그들끼리 집단생활을 했습니다. 도축 작업 과정에서 몸에 밴 피비린내와 악취는 백정이 천대받는 이유기도 했어요.

이쯤에서 조선 시대에는 신분이 어떻게 나뉘어 있었는지 살펴보아야겠지요? 당시에는 신분이 법제적으로 양인과 천인으로 구분되었습니다. 국역을 수행할 의무를 지는 양인과 관아나 개인에게 소속되어 주인에게 의무를 지는 노비, 즉 천인으로 나뉘었지요. 그런데 사회적 지위는 조금 다른 형태로 구분되었어요. 지위에 따라 양반, 중인, 상민(양민), 천민으로 구분되었는데, 천민에는 노비뿐만 아니라 광대와 무당 등 천한 일을 하는 사람들이 속했지요. 그렇다면 백정은 어디에 속해 있었을까요? 가장 천대받는 천민에 속했습니다. 백정은 노비보다 더 천한 별종으로 취급되어, 상대방을 백정이라 부르는 게 최악의 욕이 될 정도로 무시당했어요.

도축은 백정이 했던 많은 일 가운데 하나일 뿐이었어요. 백정은 먹고살기 위해서라면 사람들이 꺼리는 궂은일도 가리지 않고 했습니다. 임꺽정도 백정이니 먹고살기 위해 어떤 일이든 닥치는 대로 했습니다. 그중에는 꾸준한 돈벌이가 되는 일도 있었습니다.

바느질 도구를 넣는 함, 반짇고리를 알고 있나요? 지금은 플라스틱을 많이 쓰지만 조선 시대에는 대나무나 갈대를 엮어 만든 상자를 썼어요. 이렇게 만들어진 상자는 생활 도구를 넣는 바구니로도 쓰였고 '고리'라고 불렸지요. 임꺽정은 강가와 들에 널린 싸리와 갈대를 베어 와서 고리뿐 아니라 삿갓과 짚신 같은 생필품을 만들어 팔며 생계를 이어간 '고리백정'을 겸하며 살고 있었습니다.

임꺽정이 황해도로 간 이유

그러던 어느 날, 임꺽정에게 귀가 번쩍 뜨이는 정보가 들려옵니다. 한양으로부터 북서쪽에 있는 황해도가 기회의 땅이라는 소식이었습니다. 당시 황해도 해안에는 '이것'이 아주 넓게 펼쳐져 있었는데요. 이것은 다름 아닌 '노전蘆田'이었습니다. 노전은 '갈대가 우거진 곳', 즉 갈대밭을 말해요. 갈대가 빼곡하게 자라난 노전이 황해도 황무지에 가득했던 것이지요. 임꺽정이 살던 양주와는 비교도 되지 않을 정도로 어마어마한 양이었습니다.

게다가 황해도는 지리적 이점도 있었습니다. 위로는 명나라, 아래로는 조선의 한양이 있어 명나라와 한양을 이어주는 무역의 중심 교통로가 된 것입니다. 귀한 공물을 싣고 명나라와 한양을 오고 가는 사신들은 물론이고 일반 상인들도 물자를 가지고 황해도를 지났어요. 그 덕분에 황해도는 오늘날의 고속도로처럼 길이 아주 번듯하게 잘 닦여 있었습니다. 탁 트인 교통로인 데다가 교류까지 활발하니 당연히 시장이 자주 들어섰고 상업도 번성했지요.

이때! 임꺽정의 머릿속에 번뜩이는 생각이 떠오릅니다.

'만약 황해도에서 고리나 삿갓, 짚신을 만들어서 사신이나 상인에게 팔면 어떨까?'

황해도를 지나는 수많은 행인과 상인이 너도나도 짚신과 삿갓을 살 테고 그 재료인 갈대는 갈대밭에서 쉽게 얻을 수 있잖아요. 이렇듯 황해도가 기회의 땅이라는 건 분명한 사실이었습니다. 상품의 수요는 물론이고 원재료까지 확보된 곳이었으니까요.

심지어 황해도는 다른 지역과 달리 오래전부터 육식 문화가 자리 잡고 있었기에 가축을 잡는 도축 일도 양주보다 더 많았습니다. 경기도 양주에 살던 백정 임꺽정. 부푼 희망을 안고 가족과 함께 황해도로 삶의 터전을 옮기게 됩니다.

기회의 땅 황해도
권세가의 탐욕에 폐허가 되다

그런데 황해도에 도착한 임꺽정은 희망이 와르르 무너지는 일을 맞닥뜨리게 됩니다. 대체 무슨 일일까요?

> "몇 년 전부터 권세가들이 묵은 땅이라고 칭탁하여 입안立案을 하고는 이곳에서 생산되는 갈대를 가지고 도리어 그곳 백성들에게 팔아서 많은 이익을 얻습니다. 그곳 백성들은 앉아서 생업을 잃어 간혹 유리流離하기까지 하니 매우 불쌍합니다."
>
> 《명종실록》15권, 명종 8년(1553) 8월 14일

백성들에게 갈대를 팔아서 이득을 얻는 이들이 있었던 것입니다. 그들의 정체는 조정을 장악한 권세가들이었습니다. 이 시기는 명종이 재위하던 때로, 수렴청정으로 권세를 쥐고 있던 문정왕후를 등에 업고 외척 세력과 몇몇 권세가들이 조선을 쥐락펴락하고 있었어요. 명종의 외삼촌이자 문정왕후의 동생인 윤원형과 그 일가에 기대어 관직을 차지하려는 사람들이 어마어마했고 이로 인해 국가의 기강은 해이해지고 부정부패가 잇따랐습니다.

윤원형과 권세가들의 탐욕이 어찌나 심했는지 백성을 수탈하는 그들을 큰 도둑, 즉 '대도'라 말할 정도였습니다.

"백성의 이익을 빼앗는 데 못하는 짓이 없었으니, 대도大盜가 조정에 도사리고 있는 셈이라."

《명종실록》 27권, 명종 16년(1561) 1월 3일

그런데 이미 떵떵거리며 살던 권세가들이 왜 하필이면 갈대에 눈독을 들인 걸까요? 당시 조선 팔도에는 버려진 황무지가 아주 많았는데요. 이 때문에 조정에서는 땅을 개간한 자에게 그 땅의 소유권을 주는 법을 만들었습니다. 심지어 개간할 수 있는 땅 면적도 제한하지 않았지요. 땅을 개간만 하면 그 땅을 가질 수 있으니 많은 양의 토지를 거머쥘 절호의 기회였던 것입니다.

이때 재산 늘리기에 혈안이 된 권세가들의 눈에 띈 곳이 무주공산 황해도에 넓게 깔린 바로 그 갈대밭이었어요. 지금으로 치면 황해도에 때아닌 부동산 개발 열풍이 분 것이나 다름없었습니다.

그런데 당장이라도 황해도 땅을 개간할 것 같았던 권세가들이 갑자기 마음을 바꿨습니다. 갈대를 베어 생계를 이어가는 백성이 있다는 걸 알게 되었기 때문입니다. 굳이 갈대밭 개간에 돈과 시간을 투자할 필요 없이 이를 백성들에게 판다면 어떨까요? 권세가들은 잔머리를 굴려 편법을 썼습니다. 조정에는 갈대밭을 개간하겠다는 신고만 하고, 백성들에게 갈대를 팔아 돈을 번 것입니다.

임꺽정은 이런 상황에 분노할 수밖에 없었습니다. 이전까지는 누구나 베어 쓰던 갈대를 이제는 돈을 주고 사라고 하니 어땠겠습

니까? 화도 나고 앞으로 어떻게 먹고사나 눈앞이 캄캄해졌지요. 기회의 땅인 줄 알고 온 황해도에서 생계를 걱정해야 하는 절체절명의 위기에 맞닥뜨린 것입니다. 그 지역에 사는 다른 백성들도 사정은 마찬가지였습니다.

그렇다면 조선 조정에서는 이 사실을 몰랐을까요? 때마침 갈대를 베어 먹고사는 백성들의 생계를 보장해야 한다며 갈대밭을 백성에게 돌려주어야 한다는 상소가 올라오기 시작했습니다. 이를 확인한 명종은 이렇게 명령했어요.

"봉산 등 고을의 갈대밭은 내수사에 귀속시키는 것이 옳기에 이미 귀속시키도록 하였다."

《명종실록》 20권, 명종 11년(1556) 1월 14일

내수사는 조선 왕실의 재정을 관리하는 기관입니다. 즉 왕실에서 갈대밭을 직접 관리하겠다는 것이었지요. 그렇다면 백성들은 더 이상 갈대를 사서 쓰지 않아도 되었을까요? 아니었습니다. 어처구니없게도 조선 왕실은 백성을 도와주기는커녕 권세가들에게 내던 갈대값을 이제는 나라에 세금으로 내라고 명령했습니다. 돈을 걷는 주체가 권세가에서 왕실로 바뀌었을 뿐 갈대 대금을 내야 하는 건 변함이 없었지요. 이런 상황에서 임꺽정이 할 수 있었던 것은 오로지 끓어오르는 분노를 삭이는 일뿐이었습니다.

황해도를 장악한
임꺽정 도적단

그로부터 몇 년이 지난 1559년 3월, 황해도에 흉흉한 일이 벌어집니다. 큰 도적 떼가 나타나 재물을 약탈한 사건이 연이어 발생한 것이지요. 심지어 대낮에 관아의 감옥을 부수고 포졸을 살해하는 일까지 벌어졌습니다. 대체 누가 이런 무시무시한 일을 벌여 황해도를 쑥대밭으로 만든 걸까요?

그 도적의 정체는 바로 임꺽정이었습니다. 백정을 향해 오랫동안 이어진 차별과 멸시, 그리고 권세가들의 끝없는 탐욕 때문에 극한으로 내몰린 그가 결국 도적 떼의 우두머리가 되어 들고 일어선 것이지요. 가난에 허덕이며 비참하게 살아가던 수많은 백성이 "이렇게 살 바에는 도적이 되겠다!" 외치며 스스로 도적의 길로 들어서기 시작했습니다.

> "황해도의 도적이 비록 방자하다고 하지만 그들의 무리는 8~9명에 지나지 않으며 모이면 도적이고 흩어지면 백성이다."
>
> 《명종실록》 27권, 명종 16년(1561) 10월 6일

황해도는 임꺽정을 포함해 도적이 된 이들로 들끓었고 점차 도적의 소굴로 변해갔습니다. 실록에는 겨우 8~9명에 지나지 않았

다고 되어 있으나 많게는 100여 명 이상이 모이기도 했습니다. '여러 백성이 모이면 도적이 되고, 흩어지면 백성이 된다'고 했으니 실제로 많은 이들이 도적이 됐다는 것을 짐작할 수 있습니다. 황해도에서 한 명의 도둑이 나타나자 이에 호응해서 100명이 일어났다는 기록도 있지요.

임꺽정은 그를 따르는 이들과 도적단을 꾸렸습니다. 그렇다면 희망하는 사람들은 누구나 그와 함께할 수 있었을까요? 그렇지 않았습니다. 임꺽정의 도적단에 들어가기 위해서는 특별한 시험을 치러야 했어요. 예컨데 그 시험은 산 중턱에서 시작되었습니다. 시험을 보기 위해 모인 사람들은 눈앞에 놓인 것을 보고 눈이 휘둥그레졌어요. 팥이 무려 20말이나 들어 있는 포대 자루가 있었거든요. 이 팥 자루를 들고 산꼭대기까지 재빠르게 올라가야 했습니다.

무게를 따져 보면 대략 팥 한 말이 8~9킬로그램이니 팥 20말은 약 160~180킬로그램이었습니다. 임꺽정은 강한 힘과 민첩함을 갖춘 자를 도적단으로 뽑았습니다. 거기에는 이유가 있었어요. 도적질을 할 때는 많은 물건을 지고 언제든 날쌔게 도망칠 수 있어야 했기 때문입니다.

그런데 풍채 좋고 힘 좋은 사람이 아닌데도 도적단 지휘부의 핵심에 오른 사람도 있었습니다. 바로 전략가였지요. 임꺽정은 똑똑한 자들을 선발해 전략을 세우게 했고 뒤쫓아 오는 관군을 속이는 일을 맡겼습니다. 한마디로 체계를 갖춘 '조직적 도적단'을 만들어지능형 범죄를 저질렀다고 볼 수 있습니다.

한편 조직적인 임꺽정의 도적단이 황해도에서 집중적으로 노린 지역이 있었으니 바로 한양으로 가는 길목이었습니다. 한양으로 실어 나르는 공물과 상인들의 보따리에는 권세가들이 좋아할 만한 귀한 물건이 가득했기 때문입니다. 임꺽정 도적단은 산길에 숨어 있다가 귀한 물건을 싣고 가는 사람들을 습격하곤 했습니다.

국왕 명종까지 나선 임꺽정 토벌 작전

얼마 지나지 않아 조선의 왕 명종까지 임꺽정의 이름 세 글자를 알게 되는 사건이 벌어졌습니다.

> "지난날 임꺽정을 추적할 즈음에 패두의 말을 듣지 않고 군사 20여 명만을 주어 초라하고 서툴게 움직이다가 마침내 패두가 살해당하게 되었다."
>
> 《명종실록》 25권, 명종 14년(1559) 3월 27일

이게 무슨 이야기일까요? 여기서 패두는 포도청에서 도둑을 잡아들이는 일을 맡은 벼슬아치인 포도관의 우두머리를 말합니다. 그

러니까 임꺽정이 포도관을 죽였다는 거예요. 당시 도적을 잘 잡기로 유명한 평안도 개성의 포도관이 임꺽정을 잡기 위해 나섰고 새벽을 틈타 20여 명의 포졸을 대동했지만, 되려 화살 일곱 대를 맞고 죽고 말았지요. 이 사건으로 임꺽정은 황해도를 넘어 한양 조정에까지 이름을 알리게 됩니다. 백정에서 도적들의 우두머리가 된 임꺽정이 포도관을 죽인 희대의 범죄자가 된 순간입니다.

포도관의 우두머리를 살해하며 무시무시한 도적으로 이름을 알리기 시작한 임꺽정! 이대로 가다가는 임꺽정이 언제 황해도를 벗어나 전국구 도적이 될지 모를 상황이었습니다. 이를 가만히 두고볼 수 없었던 조선 조정에서는 대대적인 임꺽정 토벌 작전에 나서기로 결정합니다.

토벌 작전이 시작된 곳은 바로 임꺽정의 소굴이 있는 황해도였어요. 조선 조정은 황해도의 관군에게 임꺽정을 무슨 수를 써서라도 잡아들이라는 명령을 내렸지만 시간이 흘러도 임꺽정을 잡았다는 소식은 들리지 않고 임꺽정에게 쩔쩔매고 있다는 말만 들렸습니다.

어느 날에는 황해도 관군이 임꺽정이 나타났다는 보고를 받고 서둘러 포졸을 대동해 길을 나섰고, 임꺽정을 쫓아 그가 숨어든 은신처까지 찾아냈습니다. 그런데 참 의아합니다. 놀랍게도 그곳에는 임꺽정이 없었습니다. 관군의 맹추격을 보기 좋게 따돌리고 이미 연기처럼 사라져 버린 뒤였지요.

임껵정은 관군을 속이기 위해 어떤 꾀를 썼을까요? 우선, 관군이 무엇을 보고 임껵정을 추격했을지 생각해 볼 필요가 있어요. 아마도 도망친 임껵정의 발자국을 보고 따라갔겠지요? 임껵정은 기발하게도 신발을 거꾸로 신고 도망쳤습니다. 발자국 방향이 반대로 찍혀 있으니 관군은 임껵정과는 정반대의 방향으로 뒤쫓았던 것이고요.

이 일화는 임껵정의 활동이 기록된 인조 때의 야사 책,《기재잡기》를 통해 알려졌습니다. 이렇듯 임껵정은 일반적인 도적이 아니라 관군을 상대로 대범한 꾀를 쓰는 간 큰 도적이었어요.

기재잡기 인조 때 문신 박동량이 쓴 것으로 신출귀몰한 임껵정의 행적이 상세히 담겨 있다. 또 '민가를 불사르고 마소를 닥치는 대로 약탈했으며 저항한 자가 있으면 살을 발라내고 사지를 찢어 죽여 잔인하기 그지없었다'와 같이 백성에게 피해를 준 사례도 서술되어 있다. 국립고궁박물관 제공.

조선을 공포에 몰아넣은
도적단의 만행

그렇다면 임꺽정을 목격하고 관아에 고발한 사람은 없었을까요? 물론 있었습니다. 그런 고발이 있었기 때문에 지방 관군과 임꺽정이 쫓고 쫓기는 추격을 벌였던 것이지요. 그 과정에서 임꺽정의 도적단 수십 명이 체포되기도 했습니다. 그때마다 임꺽정은 자신을 고발한 자에게 앙심을 품고 분노에 치를 떨었어요.

실제로 임꺽정은 마을에서 자신을 고발한 자를 찾아내기도 했습니다. 고발자가 임꺽정 앞에서 벌벌 떨고 있던 바로 그때! 이 소식을 들은 고발자의 아들이 부리나케 뛰어와 임꺽정을 향해 소리쳤습니다.

"내가 고발했으니 나를 대신 죽여주시오!"

아들의 외침을 들은 임꺽정은 의외로 순순히 아버지를 풀어주었어요. 그렇다면 아들은 어떻게 했을까요?

> "그 아비를 놓아주고 그 아들을 결박하여 촌가에 도착하여 밥을 짓
> 게 하고는 둥그렇게 둘러앉아 배를 갈라 죽이고 갔다."
>
> 《명종실록》 25권, 명종 14년(1559) 4월 21일

임꺽정은 그 아들을 끌고 가 끔찍하게 살해해 버렸습니다. 임꺽

정 도적단의 만행은 이뿐만이 아니었어요. 약탈 대상을 가리지 않았기에 농가와 민가에 불을 질렀고 아무 잘못 없는 이들의 소와 말을 빼앗았습니다. 이에 불복하거나 항의하면 사지를 찢어 잔인하게 죽이기까지 했어요.

이처럼 임꺽정 도적단은 여러 마을에 빈번하게 출몰해 극악무도한 범죄를 저질렀지만 그들을 잡았다는 소식은 어디에서도 들을 수 없었습니다. 임꺽정이 고발자를 처참히 살해했다는 소문이 퍼지면서 보복이 두려웠던 사람들이 입을 꾹 닫고 만 것입니다.

> "지금은 살해하는 일을 멋대로 하니 사람마다 그들의 보복을 두려워하여, 촌민은 도적에게 침략을 당하고도 보고하지 않고 수령은 도적이 횡행함을 듣고서도 체포하지 않습니다."
>
> 《명종실록》 25권, 명종 14년(1559) 4월 19일

지방의 수령조차 임꺽정을 두려워했으니 힘없는 일반 백성이 무엇을 할 수 있었을까요? 국가의 기강이 백성을 지킬 힘도 없을 정도로 무너져 버린 상태였습니다.

이 지점에서 의문이 생깁니다. 우리가 들어 본 임꺽정은 탐관오리를 벌주고 백성을 도와주는 의적이었는데 어떻게 된 것일까요? 모두 새빨간 거짓말이었을까요? 남아 있는 기록이 지배층의 입장에서 서술되어서 잔인한 내용이 많이 담긴 것을 감안하더라도 임

격정이 가난한 백성들을 도와주었다는 기록은 전무합니다. 아마도 탐관오리로부터 빼앗은 물건들을 도적단 안의 사람들에게 나눠 주거나, 상황에 따라 자신들에게 동조하는 가난한 사람들에게 나눠 줬으리라고는 추측됩니다. 그러나 임꺽정은 우리가 알고 있던 의로운 도적과는 거리가 멀었습니다. 백정이었던 그는 먹고살기 위해서라는 핑계로 권세가와 가난한 백성을 가리지 않고 극악무도한 범죄를 저질렀던 것이지요.

파죽지세! 삼도를 넘나들며
한양까지 세력을 확장하다

임꺽정의 위세는 하늘 높은 줄 모르고 치솟았어요. 그러자 조선 조정에서는 하루라도 빨리 임꺽정의 기세를 꺾기 위해 각 지방의 관군에게도 임꺽정을 체포하라는 엄명을 내리게 됩니다. 지방 관군이 가장 먼저 목표로 한 곳은 어디였을까요? 당연히 황해도였습니다. 임꺽정의 본거지가 있었으니까요. 황해도의 관군들은 황해도 각지에 자리 잡은 임꺽정의 소굴로 향했습니다.

1560년 10월, 조선 조정에 충격적인 소식이 전해집니다. 임꺽정이 황해도 관군들을 따돌리고 다른 곳으로 도망쳤다는 것입니다. 그가 도망친 곳은 황해도 위쪽인 평안도의 맹산이었어요.

재빨리 평안도로 발길을 돌린 관군들! 이번에는 임꺽정을 잡을 수 있었을까요? 관군들은 평안도에서도 임꺽정의 그림자조차 찾을 수 없었습니다. 또 어디로 사라진 걸까요? 그사이 또다시 평안도 맹산에서 250킬로미터 이상 떨어진 강원도 이천에서 임꺽정을 목격했다는 이야기가 들려왔습니다.

이때 조선 조정에서는 임꺽정 도적단을 소탕하기 위해서 실적이 없는 관리를 파직시키고 새로운 관리를 파견하기도 했어요. 하지만 새로 부임한 관리들조차 두려움에 쉽게 움직이지 못했고 이들이 토벌을 머뭇거리는 사이 임꺽정의 세력은 마른 짚에 불붙듯 급격히 커져만 갔습니다.

그런데 아무리 그렇다 한들 참 이상합니다. 임꺽정 도적단은 황해도·평안도·강원도 삼도를 넘나들면서 어떻게 단 한 번도 정체가 발각되지 않았을까요? 이는 임꺽정의 장기가 발휘된 덕분입니다. 도적단은 상인으로 변장해 지역을 자유롭게 나다니며 요리조리 관군의 눈을 피해 도주했습니다. 또 관청에 정보원을 숨겨 둔 것이 그 이유였어요. 지방 관아에서 습격을 계획해도 이미 그 정보를 알고 있던 임꺽정은 재빨리 도망갈 수 있었습니다. 임꺽정을 도와주는 사람들이 많았던 것이지요.

능수능란하게 조선 관군을 속이고 따돌리는 데 계속해서 성공하자 임꺽정 도적단은 더욱 기세가 등등했습니다. 이후 임꺽정은 더욱 대담해졌지요. 그러던 와중에 조정의 명종마저 놀라 뒤로 넘

임꺽정 도적단의 활동 지역을 표시한 지도

어가게 만든 충격적인 일이 벌어집니다.

> "도적의 기세가 날로 점점 드높아져서 심지어 관을 사칭하고 열읍
> 을 출입하며 기탄없이 방자하게 굴어 어떤 수령은 모르고 접대한
> 자도 있었다."
>
> 《명종실록》 26권, 명종 15년(1560) 10월 22일

어처구니없게도 임꺽정과 도적들이 관군의 추격을 당하는 와중
에 고위 관리로 변장해 고을 수령을 감쪽같이 속이고 접대까지 받
았던 것입니다. 미꾸라지처럼 관군의 포위망을 빠져나가더니, 이
제는 고위 관리 행세까지 하며 조정의 뒤통수를 친 것이지요.

기가 막힐 노릇이었지만 조정은 마땅한 해결책을 내놓지 못하고 있었습니다. 파죽지세로 조선을 헤집는 임꺽정을 보며 조정의 권세가들 사이에서는 불안감이 피어오르기 시작했습니다.

'이러다 임꺽정이 한양까지 쳐들어오는 것 아닐까?'

결국 명종과 조정 대신들은 임꺽정을 막기 위해 조선판 범죄와의 전쟁을 선포합니다. 한양 도성으로 이어지는 길목마다 관군을 배치했고 도성에 들어오는 사람들의 얼굴과 직업을 꼼꼼히 살피며 경계를 강화했어요.

그렇게 철저한 감시와 통제를 시작한 지 일주일이 지난 1560년 10월 28일, 다시 한번 조선 조정이 발칵 뒤집히는 충격적인 소식이 전해졌습니다.

> "빼앗은 재물을 실어다 한양에 두고 소굴을 만들고는 심지어 조정의 관원이나 감사의 족속이라고 사칭하면서 허실을 엿보니 그 꾀를 헤아리기 어렵습니다."
>
> 《명종실록》 26권, 명종 15년(1560) 10월 28일

임꺽정의 한양 진출을 막겠다며 도성으로 통하는 길을 통제했음에도 불구하고 임꺽정이 철통같은 방어를 뚫고 이미 한양에 들어와 있었고 심지어 임금이 사는 창덕궁과 매우 가까운 장통방에까지 나타났던 것입니다. 한양만은 지키겠다고 큰소리친 조선 조

정은 한순간에 우스운 꼴이 되고 말았지요. 지난 일주일간 했던 모든 노력이 물거품이 되었습니다.

이 소식을 들은 명종과 조정 대신들은 또다시 무척 불안하고 초조했을 테지요. '임꺽정의 다음 목표는 혹시 내가 아닐까?' 하는 생각이 들지 않았을까요? 이에 명종은 다시 어명을 내렸습니다.

"샅샅이 뒤져 먼지 같은 흔적이라도 찾아내라!"

그러고는 한양을 다섯 개 구역으로 나눠 관군을 배치하고 대대적인 수색에 나섰습니다.

임꺽정의 오른팔
서림의 배신

그렇게 촘촘한 수사를 이어가던 때 임꺽정에 대한 근심으로 속이 타들어 가던 명종에게 단비 같은 희소식이 들립니다. 드디어 한양에서 관군이 누군가를 잡았다는 것입니다. 드디어 임꺽정을 잡는 데 성공한 걸까요?

관군이 붙잡은 사람은 바로 '서림'으로 임꺽정의 오른팔이자 도적단의 브레인 역할을 맡은 자였습니다. 임꺽정이 가장 믿고 의지하는 전략가였지요. 당시 한양에서 정보원으로 활동하고 있던 서림을 조선 관군이 놀라운 눈썰미로 찾아낸 것이었습니다.

임꺽정의 소재를 파악하기 위해 수사관은 본격적으로 서림을 취조하기 시작했습니다.

"임꺽정이 어디에 있는지 실토하라!"

과연 임꺽정의 오른팔 서림은 쉽게 입을 열었을까요? 서림은 처음에는 도적단의 의리를 지키며 쉽게 입을 열지 않았습니다. 그러자 수사관은 서림을 회유하기 위해 은밀한 조건을 제시했어요. 서림이 자수하면 살려 주고, 벼슬까지 준다는 것이었지요. 끈질긴 회유 끝에 결국 서림은 임꺽정 도적단의 근거지와 정보를 술술 실토하기 시작했습니다.

"임꺽정은 이미 한양을 빠져나가 황해도에 있습니다."

이어 서림의 입에서 또 다른 중요한 정보도 흘러나왔습니다.

"오는 26일에 (…) 새 봉산 군수 이흠례를 죽이기로 의논하였다."

《명종실록》 26권, 명종 15년(1560) 11월 24일

곧 임꺽정 도적단이 황해도 봉산에 새로 부임하는 군수를 죽일 것이라는 정보였어요. 봉산 군수로 내정된 이흠례는 임꺽정이 오랫동안 이를 바득바득 갈아오던 원수였습니다. 도적단원을 수도 없이 잡아들인 인물이었기 때문이지요. 그런데 임꺽정의 소굴이 된 황해도의 봉산에 이흠례가 군수로 온다니요. 이 소식을 알게 된 임꺽정은 '원수를 죽이고, 우리의 무시무시한 위세를 보여 줄 기회

다!' 생각한 것입니다.

이전에도 지방의 포도관을 죽인 적이 있지만, 그때의 일은 계획한 범죄가 아닌 우발적으로 일어난 것이었습니다. 그런데 이번에는 왕명을 받고 내려온 관리를 살해할 음모를 세운 것입니다. 점점 대담해지고 흉악해진 임꺽정의 범죄는 이제 공권력에 대한 도전으로 나아갔습니다.

중요한 정보를 입수한 명종은 이번에야말로 임꺽정 도적단을 일망타진할 절호의 기회라고 생각하고 최강 부대를 급파하기로 결정합니다. 자신을 호위하던 최정예 부대의 지휘관 정수익을 임꺽정 토벌대의 수장으로 앉히고 군대를 꾸려 임꺽정 토벌을 명령했어요. 이렇게 조선 조정의 자존심을 건 도적 소탕 작전이 시작되었습니다.

분노한 명종의 승부수!
임꺽정 체포 전담반

1560년 11월 말, 황해도 봉산에 임꺽정과 그의 도적단을 뿌리뽑기 위한 토벌군이 집결했습니다. 다섯 고을에서 대대적으로 보낸 지원군까지 합해 총 500여 명의 규모였죠. 임꺽정 토벌군은 곧장 임꺽정의 근거지로 향했습니다. 토벌군이 임꺽정의 근거지를 포위해 가며 진입했기에 임꺽정 도적단은 뒤늦게 토벌군의 습격을 알아챘습니다. 어쩔 수 없이 계곡을 따라 깊은 산속으로 도망쳐야 했지요. 독 안에 든 쥐 신세가 된 임꺽정! 토벌군들은 그들을 완벽하게 포위하고 임꺽정이 움직이기만을 기다렸습니다.

그런데 해가 지고, 밤이 되자 '획! 획!' 무언가가 바람을 가르는 소리가 연달아 들렸습니다. 그러더니 토벌군이 하나둘 속수무책으로 쓰러지기 시작했어요. 도대체 무슨 일이 일어난 걸까요?

> "적이 밤에 60여 기騎를 거느리고 높은 데 올라 내려다보며 비 오듯이 활을 쏘았다."
>
> 이긍익, 《연려실기술》

임꺽정은 토벌군을 유인할 목적으로 유인조를 따로 만들어 둔 것입니다. 당시 임꺽정이 심어 둔 정보원은 관아뿐 아니라 마을 곳곳에 숨어 있었습니다. 정보원을 통해 서림의 체포 소식과 토벌군의 습격 정보까지 입수하고 미리 대비한 것이었지요.

하늘에서 비처럼 쏟아지는 화살에 토벌군은 속수무책으로 당할 수밖에 없었습니다. 임꺽정은 토벌군을 이끌던 관리를 살해하고 토벌군을 거의 몰살시켰어요. 게다가 토벌군의 말까지 빼앗아 타고 유유히 도망쳤습니다.

나쁜 소문이 빨리 퍼지듯 토벌군의 처참한 패배 소식은 조선 팔도에 쫙 퍼졌습니다. 한낱 도적에 불과하다고 여긴 임꺽정이 왕의 최정예 부대 지휘관까지 이겨버린 상황! 명종은 신하들을 호되게 꾸짖고 특단의 조치를 내립니다. 임꺽정 체포를 전담하는 새로운 관직을 만들었어요. 이름하여 순경사巡警使였습니다. '돌다 순巡', '경계할 경警'을 써서 '돌아다니며 삼엄하게 경계한다'는 뜻으로 오로지 임꺽정을 체포하기 위해 순찰하는 특수직을 만든 것입니다.

순경사는 각 도의 군대를 지휘하고 책임지던 종2품 병마절도사 출신입니다. 병마절도사는 지금의 군대 사단장 지위 정도로 생각하면 되는데요. 황해도와 강원도에 오직 임꺽정 체포를 위해 100여

고석정 전경 강원도 철원군에 위치한 고석정은 정자의 이름이기도 하지만 고석정이 있는 곳의 바위와 현무암계곡까지 포함해 일컫기도 한다. 이곳은 임꺽정이 고석정 건너편에 돌을 모아 석성을 쌓고, 함경도에서 조정으로 상납되는 조세와 공물을 약탈하며 숨어 지낸 곳으로 전해진다. 문화재청 제공.

명의 순경사가 파견되었습니다. 지금으로 치면 도둑을 잡기 위해, 특전사, UDT 등 대한민국 최고의 특수부대원 100여 명이 모인 것이나 다름없었습니다. 더 이상 물러날 곳이 없다고 생각한 명종은 임꺽정을 잡기 위한 승부수를 던진 거예요.

조정을 발칵 뒤집은
가짜 임꺽정 사건

과연 이번에는 임꺽정을 체포할 수 있을까요? 특수부대가 파견되고 24일 뒤, 조선 조정에 한 통의 보고서가 도착했습니다. 놀랍게도 보고서에는 "도적의 괴수 임꺽정을 잡았습니다"라고 적혀 있었어요. 임꺽정이 도적질하며 활개를 친 지 무려 2년 만에 드디어 전해진 희소식이었지요.

의금부에서는 잡혀 온 임꺽정을 옥에 가둔 뒤 누군가를 급히 불렀습니다. 임꺽정에 대해 가장 잘 알고 있는 이른바 임꺽정의 오른팔, 서림이었지요. 그런데 임꺽정을 마주한 서림은 깜짝 놀라며 한마디를 던졌습니다.

"이 사람은 꺽정이 아니고, 꺽정의 형입니다!"

황해도 순경사가 잡아 온 인물의 정체는 임꺽정과 함께 도적단에 있었던 임꺽정의 형 가도치였습니다. 이게 도대체 어떻게 된 일일까요?

'임꺽정 체포'라는 막중한 임무를 받았지만 순경사 중에는 정작 임꺽정의 얼굴을 아는 사람이 단 한 명도 없었습니다. 임꺽정이 한 번도 체포되지 않았기 때문이지요. 순경사는 사막에서 바늘을 찾는 심정으로 수상한 사람은 모두 잡아들였고 이 과정에서 도적으로 활동하던 임꺽정의 형 가도치가 잡히게 된 것이었어요. 순경사의 혹독한 고문을 이기지 못한 가도치는 "내가 임꺽정이오" 거짓 자백을 한 것이었습니다.

조선 최정예 요원들의 허탕을 보며 명종은 엄청난 치욕과 분노를 느끼고 신하들을 꾸짖었습니다.

"큰 도적을 오래도록 잡지 못해 분하다. 특별히 조치하여 기필코 붙잡도록 하라!"

그런데 가짜 임꺽정 소동이 일어나고 8개월 뒤, 조선 조정에 또다시 기다리던 소식이 전해졌습니다. 평안도 의주에서 임꺽정이 체포되었다는 소식이었어요. 과연 이번에는 진짜 임꺽정일까요? 이번에는 확신할 수 있었어요. '공초供招'라는 확실한 물증이 있었기 때문입니다.

> "의주 목사 이수철이 대적 임꺽정과 한온 등을 붙잡았다. (…) 임꺽정의 공초를 보니, 놀랍기 그지없다."
>
> 《명종실록》 27권, 명종 16년(1561) 9월 7일

지금도 범죄자를 잡으면 신문하고, 왜 범행을 저질렀는지 이유를 쓰는 진술서를 받는데요. 조선판 진술서가 바로 공초였습니다. 임꺽정에게 받은 공초에는 진짜 임꺽정이 아니면 알 수 없는, 도적질에 가담한 사람의 이름까지 상세히 적혀 있었지요.

드디어 체포된 임꺽정이 한양에 도착했습니다. 그 자리에는 한때 임꺽정의 오른팔이었으나 지금은 임꺽정을 잡는 데 가장 중요한 역할을 하는 서림도 함께 있었습니다. 모든 수사관들의 이목이 서림의 입에 집중되었어요. 임꺽정의 얼굴을 마주한 서림은 과연 뭐라고 했을까요?

"임꺽정이 맞습니다."

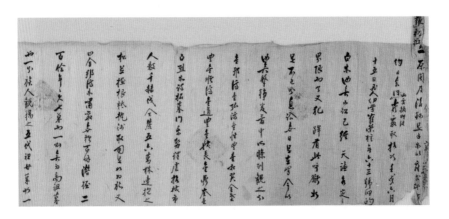

공초 죄인을 신문하는 것을 취초, 자백을 받는 것을 봉초, 두 번 이상 신문하는 것을 갱초, 죄인에 대한 신문·답변을 통틀어 공초라고 한다. 공초는 속기한 최초의 기록과 상부 관청에 보고하기 위해 쓴 것은 물론 2·3·4차에 걸쳐서 한 갱초 또는 이들을 모두 모아 만든 하나의 사건에 관한 일괄된 기록이 전부 포함된다. 국립민속박물관 제공.

수사관들은 드디어 임꺽정을 잡았다고 기뻐하며 환희에 찼지요. 그런데 이때! 누군가 찬물을 끼얹는 한마디를 던졌습니다.

"나는 임꺽정이 아니라 해주의 군사 윤희정이오!"

서림이 임꺽정이라고 확인한 인물이 자기는 임꺽정이 아니라 윤희정이라고 말한 거예요. 거짓말을 한 이가 서림인지 임꺽정인지 혼란스러운 상황! 과연 명종은 누구의 말을 믿었을까요? 명종은 위기를 모면하려는 임꺽정의 수작이라며 더욱 호되게 신문하라고 명했습니다.

그런데 임꺽정의 신문을 담당한 수사관은 시간이 갈수록 뭔가 이상하다고 느끼기 시작했습니다. 임꺽정의 진술서에 적힌 도적 단원들을 직접 불러와 대질해 보니, 임꺽정의 아내라고 잡혀 온 인물은 백발의 할머니였고 임꺽정의 의붓자식과 사위라는 사람은 온몸이 불로 지져지고 팔다리가 비틀려 있었거든요. 모진 고문으로 인한 허위 진술의 정황이 의심되는 상황이었습니다.

이상하다고 느낀 수사관은 다시 서림을 불러 조사했습니다. 그러자 서림은 힘들게 말을 꺼냈습니다.

"사실 저 사람은 임꺽정이 아닙니다."

서림이 거짓말을 했던 것입니다. 이번에도 임꺽정이 아니었습니다. 서림은 임꺽정을 잡으려 혈안이 된 의주 목사와 관리에게 협박과 회유를 당하면서 살기 위해 이랬다저랬다 말을 바꿨던 것이었어요.

화가 머리끝까지 난 명종은 의주 목사를 파직시켰습니다. 억울하게 잡혀 온 가짜 임꺽정 윤희정에게는 왕을 기만하고 수사에 혼란을 줬다며 사형을 내렸어요. 그렇다면 거짓 진술을 한 서림은 어떻게 됐을까요? 서림에게 내려진 처벌은 없었습니다. 그 이유가 짐작되지요? 조선 조정에서 임꺽정의 얼굴을 아는 사람은 서림뿐이니 유일한 실마리를 쥐고 있는 그를 일단 살려두기로 한 거예요.

벌써 두 번이나 가짜 임꺽정 소동이 벌어지고 말았습니다. 조선 백성들은 또다시 임꺽정이 벌이는 범죄에 대한 두려움으로 벌벌 떨기 시작했어요.

최후의 수단
남치근과 서림의 공조

근심에 빠진 명종은 조정 관료들에게 충격적인 발표를 했습니다.

"도적의 세력이 성하여 적국敵國과 같다."

적국은 '원수 적敵', '나라 국國'입니다. 조선의 대도 임꺽정을 더 이상 조선인으로 여기지 않겠다는 뜻이었지요. 왕이 자기 백성이었던 임꺽정의 도적단을 왜적이나 오랑캐처럼 조선을 침략한 원수로 여기겠다고 선언한 것입니다.

명종은 임꺽정의 도적질을 국가에 닥친 외란만큼 위협적으로 느꼈을 수도 있습니다. 임꺽정 이전에도 홍길동 같은 대도의 활동이 있었지만 임꺽정처럼 대규모 도적단을 거느리고 이렇게까지 오랫동안 백성을 두려움에 떨게 한 이는 없었으니까요. 그래서 임꺽정과 도적단의 활동을 '임꺽정의 난'이라고 부르기도 합니다.

순경사들의 활약마저 기대에 미치지 못하자 명종은 임꺽정과의 전쟁에 종지부를 찍을 히든카드를 꺼냈습니다. 조선의 이름난 무신 남치근을 찾은 거예요. 남치근은 지금의 서울시장 격인 한성판윤에 올랐던 인물이었고 제주와 호남에서 왜구를 여러 차례 소탕한 전적도 있었습니다. 이런 남치근의 성품은 어땠을까요?

"성품이 음험하고 잔혹하였다. (…) 군민軍民을 많이 죽였다."

《명종실록》 25권, 명종 14년(1559) 5월 27일

남치근은 무척이나 포악하고 잔인한 인물이었습니다. 심기에 거슬리면 아군이든 백성이든 무참하게 죽일 정도였어요. 남치근의 이름 세 글자만 대면 우는 아이도 울음을 뚝 그칠 정도로 그야말로 호랑이처럼 무서운 존재였지요. 명종의 부름을 받은 조선의 저승사자 남치근은 두 주먹을 불끈 쥐고 임꺽정의 본거지가 있는 황해도로 출정했습니다.

사실, 이때 명종이 남치근보다 먼저 황해도로 보낸 인물이 있었습니다. 바로 서림인데요. 서림이 임꺽정의 얼굴을 아는 유일한 인

물이었기 때문일까요? 그가 황해도로 가게 된 이유는 또 있었습니다. 배신자 서림이 임꺽정의 소굴이 있는 황해도에 왔다는 걸 임꺽정이 알게 된다면 어떻게 될까요? 자신을 배신한 서림에게 복수하기 위해 제 발로 서림을 찾아올 수도 있겠지요. 즉 명종은 임꺽정과의 전쟁을 마무리할 최후의 수단이자 미끼로 서림을 이용한 것입니다. 그러나 이 막대한 임무를 서림에게만 맡겨둘 수는 없겠죠? 그래서 남치근도 황해도로 보낸 것입니다.

그사이 한양 안에서도 임꺽정을 잡기 위한 방비는 계속됐습니다. 명종은 통행 금지 시간을 엄포했고 군사를 풀어 도성 안팎을 쥐 잡듯 샅샅이 수색했지요. 그 과정에서 관군들도 약탈을 자행했는데, 당시 한양의 분위기를 알 수 있는 기록을 보겠습니다.

"놀라서 도망하는 자를 도적이라 지목하여 평민을 마구 잡고 많이 잡는 것을 공으로 여기니, 결박된 사람이 줄을 이었다. 그들의 부모와 처자들은 엎드려 울부짖고 거리에는 원성이 가득하였으며, 길에는 행인이 끊겼다."

《명종실록》 27권, 명종 16년(1561) 10월 30일

어땠던 것 같나요? 도적을 잡으면 포상을 후하게 줬으므로 조금이라도 수상하다고 여긴 이들을 도적으로 체포한 일이 잦았습니다. 도적과 관군 사이에서 또다시 백성이 피해자가 된 것입니다.

신출귀몰한 대도 임꺽정의
비참한 최후

다시 황해도로 돌아가 봅시다. 그곳의 상황은 어땠을까요? 남치근과 서림이 함께 황해도를 수색한 지도 어느덧 3개월이 지났습니다. 1562년 1월 초, 추운 겨울이었지만 조선 관군은 여전히 임꺽정을 소탕하기 위해 열을 올리고 있었어요. 그들은 임꺽정의 소굴로 알려진 구월산을 에워싸고 샅샅이 수색 중이었습니다. 그런데 수색 중이던 관군 앞에 한 무리의 백성이 성큼성큼 다가왔어요. 그리고 충격적인 말을 꺼냈습니다.

"우리는 임꺽정 도적단의 단원이오!"

과연 이들의 말은 진짜였을까요? 놀랍게도 사실이었습니다. 추적을 피해 도망 다니던 그들이 제 발로 나타난 이유는 관군에게 항복하기 위해서였어요. 왜 갑자기 태도를 바꾼 걸까요? 당시 임꺽정의 무리는 추위와 굶주림을 견디며 관군과 오랜 기간 치열한 격전을 벌이고 있었습니다. 관군의 공세는 더욱 강해지고 도적단의 날랜 자들도 체포되자 겁을 먹고 투항한 것이었지요. 제아무리 날고 긴다는 임꺽정의 도적단도 계속되는 추위와 굶주림에 관군의 추적을 버텨내기 힘들었던 것입니다.

관군은 투항한 도적들을 통해 고급 정보를 알아냈습니다. 임꺽정이 어디에 숨어 있는지 정확한 위치를 알게 된 거예요. 드디어 임꺽정을 잡을 절호의 기회가 찾아온 순간! 관군들은 재빨리 도적들이 알려준 위치로 향했어요. 이번에는 진짜 임꺽정을 찾아낼 수 있을까요?

3년이 넘게 조선을 발칵 뒤집으며 활개를 친 도적단 두목 임꺽정이 거짓말처럼 그곳에 있었습니다. 궁지에 몰린 임꺽정은 재빨리 관군의 포위를 뚫고 산 아래로 도망쳐 민가로 숨어들었어요. 관군은 날쌔게 도망가는 임꺽정을 쫓아 마을로 향했습니다.

잠시 후 "사람 살려! 도둑이야!" 하는 소리와 함께 한 노인이 집에서 뛰쳐나왔습니다. 자신의 집에 도적 임꺽정이 들어왔다는 것이었어요. 노인의 외침을 듣고 관군들은 부리나케 노인의 집으로 달려갔습니다. 그런데 그때! 노인의 집에서 관군 한 명이 허겁지겁 나오더니 "임꺽정이 벌써 달아났습니다!" 소리쳤습니다. 집을 수색했으나 이미 임꺽정이 도망갔다고 하면서요. 눈앞에서 또다시 임꺽정을 놓쳐버린 것입니다. 임꺽정을 놓친 관군들은 허탈해하며 발걸음을 돌릴 수밖에 없었습니다. 그런데 그들이 마을을 빠져나가려던 그 순간, 누군가가 외쳤습니다.

"임꺽정이다!"

관군들은 곧장 임꺽정으로 지목된 이를 에워쌌습니다. 놀랍게도 임꺽정이라고 지목된 자는 관군 복장을 하고 있었어요. 이게 대체 어떻게 된 일일까요? 임꺽정은 벌써 도망가고 없다고 말했던 그 관군이 사실은 진짜 임꺽정이었던 것입니다! 임꺽정은 변장술의 달인이었습니다. 어딘가에서 관군의 옷을 훔친 임꺽정은 노인의 집에 숨어들어 옷을 갈아입고 관군 행세를 하며 눈을 속인 뒤 허술한 틈을 봐서 도망가려 했던 것입니다.

그렇다면 임꺽정을 단숨에 알아보고 잡아낸 인물은 누구였을까요? 역시나 임꺽정을 배반한 서림이었습니다. 서림 때문에 정체가 들통난 임꺽정은 도망칠 틈도 없이 쏟아지는 화살을 맞고 관군에게 체포되고 맙니다. 포승줄에 묶인 채 피를 흘리며 서림을 마주한 임꺽정은 원망이 가득 담긴 한마디를 남겼습니다.

"내가 이렇게 된 것은 모두 서림 너 때문이다."

임꺽정은 자신을 배신한 서림을 향해 피를 토하듯 원망을 쏟아냈습니다. 이후 임꺽정은 어떻게 되었을까요? 1562년 1월 17일 실록에는 '이미 그를 처단했다'고 적혀 있습니다. 그렇게 대규모 도적단의 우두머리로 조선을 공포에 몰아넣었던 임꺽정과 그를 잡기 위해 온갖 수단과 방법을 가리지 않은 조선 조정이 벌인 범죄와의 전쟁은 임꺽정의 죽음으로 막을 내리게 됩니다.

300년이 지나 의적으로 되살아난 임꺽정

조선 후기 이익의 《성호사설》에 홍길동, 장길산과 함께 조선의

3대 도적으로 등장한 후, 역사 속으로 사라진 듯했던 임꺽정의 이름이 다시 등장한 것은 그가 죽은 지 300년이 훌쩍 넘은 1928년이었습니다. 다시 많은 사람의 입에서 그의 이름이 오르내리기 시작합니다. 〈조선일보〉에 홍명희의 소설 《임꺽정》이 연재되었기 때문입니다. 그런데 이 소설 속 임꺽정은 백성을 약탈하고 살해한 흉악한 도적이 아니었습니다. 탐욕스러운 탐관오리를 벌주고 불쌍한 백성을 돕는 의로운 도적이었지요. 왜 잔인한 도적이 아닌 의적으로 그려졌을까요? 당시 조선의 상황과 함께 이해해 볼 수 있습니다.

1920년대 조선은 일제 식민지하에서 지배당하고 있었습니다. 홍명희는 조선을 침략한 일제를 탐관오리에 빗대고, 그들에게 저항하는 임꺽정을 의적으로 만들어 식민지 조선인에게 꿈과 희망을 심어주려 했습니다. 일제의 괴롭힘에 시달리던 민중들은 소설

〈조선일보〉에 실린 소설 《임꺽정》 일제강점기에 홍명희가 쓴 장편소설이자 대표적인 역사소설로 반봉건적인 천민 계층의 인물을 내세워 조선 시대 서민들의 생활 양식을 총체적으로 보여 주는 것이 특징이다. 종래의 역사소설이 철저히 왕조사 중심이거나 야사에 의지한 것에서 벗어나 민중 관점으로 역사를 해석한 데에 의의가 있다.

《임꺽정》을 보며 대리만족을 느끼지 않았을까요? 당시 《임꺽정》은 엄청난 인기를 끌었고 이 영향으로 도적 임꺽정은 사람들의 기억 속에 의적의 모습으로 남게 되었습니다.

　소설과 달리 실제 임꺽정은 백성과 관리들을 잔인하게 죽인 인물이었는데요. 어떤 상황에서도 이런 임꺽정의 행동은 정당화될 수 없습니다. 하지만 부패한 권력자들의 횡포와 국가의 무관심이 조선을 뒤흔든 임꺽정이라는 대도와 도적단을 탄생시켰다는 사실을 되새겨 볼 필요가 있지 않을까요? 권세가의 탐욕과 횡포에 시달린 끝에 도적이 되어야 했던 이들의 아픔을 생각해 보게 됩니다. 조선 시대 지배층이 남긴 사료에조차 '도적이 성행하는 것은 수령의 가렴주구 탓이며, 수령의 가렴주구는 재상이 청렴하지 못한 탓'이라는 기록이 남아 있습니다. 정치가 잘못되면 순박한 백성도 도적이 될 수 있다는 역사적 교훈을 일깨워 주는 듯합니다.

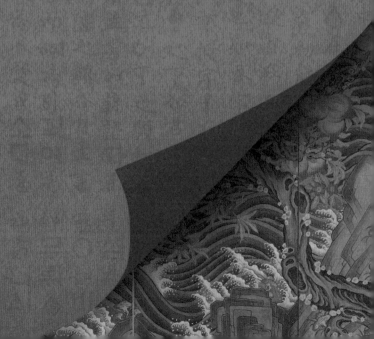

2부

조선 후기: 한반도를 뒤흔든
정치 격랑의 시대

5장

벌거벗은 격동기의 군주

계승범(서강대학교 사학과 교수)

임진왜란의 영웅 광해군은
왜 쫓겨났나

조선 시대에 왕을 부르는 이름에는 여러 종류가 있었는데, 그중 대표적인 것이 묘호입니다. 묘호는 왕이 사망한 후에 그의 업적을 기리며 종묘에 올리는 이름으로, 우리가 흔히 알고 있는 태조, 정종, 태종, 세종 등이 모두 묘호입니다. 이는 곧 임금의 신주를 모시는 종묘 각실의 명칭이기도 해서 오직 왕만이 가질 수 있었지요. 그런데 조선의 국왕으로 재위했음에도 묘호를 갖지 못한 왕이 있습니다. 바로 제15대 왕 광해군입니다.

그렇다고 광해군에게 왕의 이름이 없었던 것은 아닙니다. 살아 있는 왕의 업적을 찬양하기 위해 높여 부르는 호칭인 존호가 있었지요. 존호는 찬양할 만한 업적이 있다면 한 번으로 그치지 않고 여러 차례 올리기도 했는데, 광해군은 무려 여섯 차례에 걸쳐 존호를 받았다고 해요. 그래서 그의 존호는 읽기만 해도 숨이 찰 정도로 깁니다. '체천흥운준덕홍공신성영숙흠문인무서륜입기명성광렬융봉현보무정중희예철장의장헌순정건의수정창도숭업대왕體天興運俊德弘功神聖英肅欽文仁武敍倫立紀明誠光烈隆奉顯保懋定重熙睿哲莊毅章憲順靖建義守正彰道崇業大王'

어떤가요? 무려 48자에 달하는 이 존호는 역대 조선 왕들이 재위 중 받은 존호 가운데 가장 길다고 하지요. 좋은 한자란 한자는 다 모여 있어 해석조차 쉽지 않을 정도입니다.

재위 기간에는 수차례 존호를 받을 정도로 찬양받았는데 사망 후에는 묘호조차 받지 못했다니 의아하지요? 광해군이 반정으로 인해 왕좌에서 쫓겨났기 때문입니다. 왕으로 생애를 마치지 못했기에 조나 종으로 끝나는 묘호 대신 왕자 때 이름인 광해군으로 불리는 것이지요.

광해군은 임진왜란 시기에 목숨을 걸고 전쟁터를 누비며 백성들을 돌보았습니다. 준비된 왕의 모습을 보이며 백성들의 사랑을 한 몸에 받았어요. 왕위에 오른 뒤에도 백성을 위한 정치를 하며 그 업적을 인정받았습니다. 그런데 도대체 무슨 일이 있었기에 왕의 자리에서 쫓겨나게 되었을까요? 또 어쩌다 조선 제10대 왕 연산군과 함께 조선의 폭군으로 손꼽히게 되었을까요? 임진왜란의 영웅으로 떠올랐다가 폐왕으로 막을 내린 광해군의 삶을 벗겨보겠습니다.

임진왜란 중에
세자가 되다

1592년 4월 13일, 기습적으로 부산 앞바다에 상륙한 일본군이 무시무시한 기세로 수도 한양을 향해 치고 올라왔습니다. 조선 개국 200년 만에 발발하여 7년 동안 이어진 일본과의 전쟁, 임진왜란의 시작이었지요. 전쟁을 철저하게 준비하고 온 일본군과 달리 큰 전쟁 없이 평화로운 시기를 보내던 조선은 전쟁 준비가 되어 있지 않았습니다. 조선 남쪽의 성들은 일본군에 의해 차례로 무너지고 말았어요.

일본군이 한반도에 상륙한 지 불과 보름 뒤, 조선 조정에서 충격적인 발언이 나왔습니다.

"북쪽으로 피난하여 회복을 도모해야겠다."

당시 조선의 왕이었던 제14대 왕 선조가 신하들을 불러 '한양 도성을 버리고 떠나 전쟁을 피하겠다', 즉 파천播遷하겠다 선언한 청천벽력 같은 말이었습니다. 전쟁이 일어났는데 해결책을 모색하기는커녕 도성을 떠나 피신하겠다니요. 선조의 파천 선언에 신하들은 모두 격렬하게 반대했습니다. 민심을 헤아려 달라며 통곡하고 애원하는 신하도 있었고, 한양에서 죽으면 죽었지 그 뒤를 따르지 않겠다는 신하도 있었어요. 하지만 그 어떤 반대도 선조의 뜻을 꺾을 수는 없었습니다.

그런데 이때, 한 신하가 파천에 앞서 해야 할 일이 있다며 선조에게 한 가지를 제안했습니다.

"일찍 대계大計를 정하시어 사직社稷의 먼 장래를 도모하소서."

《선조실록》 26권, 선조 25년(1592) 4월 28일

대계는 큰 계획, 사직은 나라를 의미하니 큰 계획을 정해서 나라의 장래를 도모하라는 제안이었어요. 여기서 말하는 큰 계획은 '세자를 책봉하는 것'이었는데요. 선조의 파천과 조선의 세자 자리가 무슨 상관이길래 이런 제안을 한 걸까요?

왕이 도성을 떠나 버리면 백성들은 왕이 나라를 버리고 도망친다고 의심할 수 있습니다. 하지만 훗날 왕위를 이을 세자를 정해 두면 나라를 완전히 포기하는 게 아니라는 걸 백성들에게 알릴 수 있었고 미래를 위해서도 조선 조정에는 세자가 필요했습니다.

임진왜란으로 혼란한 시기에 선조의 뒤를 이을 세자로 급히 낙점된 인물은 누구였을까요? 바로 선조의 아들 광해군이었습니다. 나라의 근본이라고 불리는 조선의 세자를 결정하는 중차대한 일이었지만 광해군이 세자로 결정되기까지는 불과 하루도 걸리지 않았습니다. 세자를 정하라는 제안이 있었던 그날 아침, 조정에서 광해군을 세자로 결정했고 이 결정은 다음 날 아침이 밝자마자 정식으로 선언되었습니다. 세자 책봉이 얼마나 다급하게 이뤄졌는지 알

수 있는 부분입니다.

번갯불에 콩 구워 먹듯 전란에 휩싸인 조선의 세자로 낙점된 열여덟 살의 광해군. 이때 광해군은 조선의 차기 왕이 된다는 기쁨이나 갑작스러운 결정에 당황스러움을 느낄 새도 없었습니다. 세자가 되자마자 해야 했던 일은 바로 보따리를 싸서 피난길에 오르는 것이었기 때문입니다. 비가 추적추적 내리던 새벽에 광해군은 선조를 따라 경복궁을 나서야 했습니다.

그런데 한 가지 의문이 생깁니다. 조선의 세자 책봉은 일반적으로 일곱 살에서 아홉 살 사이에 이뤄졌습니다. 왜 선조는 열여덟 살의 장성한 아들 광해군을 두고도 그때까지 세자 자리를 비워두었던 걸까요? 그 이유는 바로 선조에게 있었습니다. 광해군의 아버지 선조가 왕으로 즉위했던 때로 거슬러 올라가 보겠습니다. 선조의 전대 왕은 제13대 왕 명종입니다. 앞서 살펴보았듯이 그는 이복형인 제12대 왕 인종이 후사 없이 사망하여 왕위에 오른 인물이었지요. 그런데 그 역시도 후사를 이을 아들이 없는 채로 34세의 젊은 나이로 사망하고 맙니다. 아들 한 명이 있었으나 열세 살의 어린 나이로 사망했거든요. 그러니 조선 왕실의 대를 이을 적자가 없는 초유의 사태가 발생하고 만 것입니다.

인종과 명종에게 후사가 없었으니 왕위 계승자를 찾기 위해 그들의 아버지인 제11대 왕 중종까지 올라갔습니다. 그리고 중종과 중종의 후궁인 창빈 안씨 사이에서 태어난 덕흥군의 셋째 아들 선

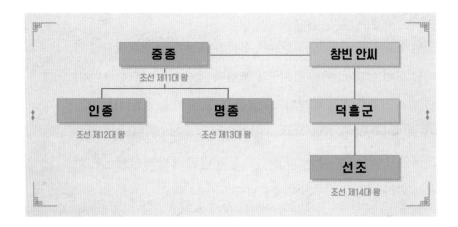

```
        중종 ──────────────── 창빈 안씨
     조선 제11대 왕                  │
   ┌──────┴──────┐                 │
  인종          명종              덕흥군
 조선 제12대 왕   조선 제13대 왕        │
                                  선조
                              조선 제14대 왕
```

왕실 가계도

조가 다음 왕으로 선택됩니다. 선조는 명종이 죽기 전에 총애한 조
카이기도 했습니다.

유례없는 이 과정에서 선조는 조선 역사상 최초의 타이틀을 얻
게 됩니다. 바로 '방계傍系 출신의 왕'이었지요. 방傍은 '곁 방', '가까
이 방'으로 주된 계통에서 갈라져 나가거나 벗어나 있는 혈통을 의
미합니다. 할아버지와 아버지, 아들처럼 혈통이 수직으로 이어진
관계를 직계라고 하지요. 원래대로라면 왕위 근처에도 갈 수 없었
던 선조는 조선 최초로 방계 혈통으로서 왕위를 잇게 됩니다.

선조는 왕실의 큰 어른인 대비의 선택을 받아 후계자로 지명받았
기 때문에 종법상으로는 아무런 하자 없이 즉위했지만, 최초의 방
계 출신이라는 점은 아무래도 신경이 쓰였을 듯합니다. 이런 상황

에서 방계 출신의 선조가 바라는 자신의 후계자는 어떤 인물이었을까요? 당연히 왕실의 직계 혈통이자 그중에서도 왕위 계승에 아무런 흠이 없는 정실부인에게서 태어난 '적장자'였을 것입니다.

그러나 선조의 정실부인 의인왕후는 20년이 넘도록 아이를 낳지 못했습니다. 그래서 즉위 후 25년이 지나도록 후계자를 정하지 못하고 있었던 거예요. 광해군의 어머니는 공빈 김씨로 광해군은 적자가 아닌 후궁의 자식이었습니다. 광해군이 수양대군, 양녕대군처럼 광해대군이 아니라 광해군이라 불린 것도 이 때문입니다. 후궁이 낳은 아들은 '군君', 정실부인인 왕후에게서 태어난 아들은 '대군大君'으로 불렸거든요.

게다가 광해군은 첫째 아들도 아니었어요. 공빈 김씨가 낳은 첫째 아들은 임해군이었고 둘째 아들이 광해군이었습니다. 즉, 광해군은 적자도 장자도 아니었던 거지요. 그런데 어떻게 둘째 아들인 광해군이 형 임해군을 제치고 세자가 될 수 있었을까요?

> "광해군은 행동을 조심하고 학문을 부지런히 하여 중외中外 백성들의 마음이 복속하였으므로 상이 가려서 세웠다."
>
> 《선조수정실록》 26권, 선조 25년(1592) 4월 14일

광해군은 어려서부터 생각이 깊고 총명하다고 인정받고 있었던 반면에 임해군은 온갖 비리와 악행을 저질러 평판이 나빴습니다.

그래서 어쩔 수 없이 후궁의 둘째 아들 광해군을 조선의 세자로 서둘러 정할 수밖에 없었던 것입니다. 광해군은 임진왜란이라는 위기 상황 속에서 아버지 선조와 마찬가지로 왕실에 적자가 있었다면 오를 수 없는 세자라는 자리에 오르게 되었습니다.

전란의 고통 속에서
백성이 의지한 세자

한양 도성을 떠나 평양으로 피난한 선조와 광해군. 평양성에 도착하자 내정되어 있던 광해군의 세자 책봉이 이루어졌습니다. 광해군이 세자가 된 지 한 달 정도 되던 때, 청천벽력 같은 일이 일어납니다. 선조가 아들 광해군에게 임진왜란으로 나라가 위급한 상황이니 조정을 나누어 통치하자고 말한 것입니다. 이것을 '나눌 분分', '조정 조朝'를 써서 분조라고 합니다. 조선 조정이 둘로 나뉜다니, 대체 선조의 의도는 무엇이었을까요? 선조는 신하들까지 불러 말했습니다.

"천자의 나라에서 죽는 것은 괜찮지만 왜적의 손에 죽을 수는 없다."

왜적의 손에 죽을 수 없으니 자신은 조선을 떠나 천자의 나라로 불렀던 명나라로 망명하겠다는 것이었어요. 그러니까 선조가 말하는 분조는 조선에서 조정을 둘로 나누자는 게 아니라 자신은 더 안전한 명나라로 가서 몸을 피할 테니, 아들 광해군은 조선에 남아 전란에 휩싸인 나라를 책임지라는 것이었습니다.

아버지이자 왕인 선조의 명령을 따라야만 했던 광해군은 혼란에 빠진 조선을 수습하기 위해 길을 떠납니다. 세자 광해군의 여정은 불안하고도 위태로웠습니다. 광해군과 그 뒤를 따른 신하 수십 명은 일본군의 눈을 피해 은밀히 이동해야 했고 열 걸음 걸으면 아홉 번 넘어지는 험한 산길에서도 걸음을 멈출 수 없었습니다. 신하들은 물론 세자인 광해군까지 들판에서 노숙을 해야 했지요.

광해군은 강원도와 평안도, 황해도의 여러 고을을 옮겨 다니며 공석이 된 고을의 수령을 임명했습니다. 그리고 지방 관리들이 올린 상소와 보고서를 처리했어요. 이 덕분에 임진왜란으로 마비됐던 조선의 행정 시스템이 다시 작동하기 시작합니다. 이런 광해군의 분조 활동을 보며 백성들은 어떤 반응을 보였을까요?

> "동궁께서 오셨다는 소식을 듣고 인심이 기뻐하며 마치 다시 살아난 것 같았습니다."
>
> 《피난행록》

왕이 도성을 버리면서 조선 조정을 떠났던 민심이 광해군 덕분에 다시 돌아오기 시작했습니다. 나라가 망했다고 체념하던 백성들은 광해군과 분조의 존재를 확인하고 조선 조정이 아직 건재하다는 사실을 알게 되었지요. 조선의 세자가 최전선에서 함께하고 있다는 사실에 용기를 얻어 일본과 맞서 싸우겠다는 생각까지 가지게 됩니다. 전국 곳곳에서 봉기한 의병들은 앞다퉈 일본군과 싸웠고 한 의병장은 군사 3,000여 명을 이끌고 광해군의 무리에게 합류하기도 했지요. 어떻게든 나라를 구해보겠다고 뛰어다니는 젊은 세자와 그를 보며 점차 민심이 수습되었던 것입니다.

아들을 질투한 선조의
양위 선언

나라를 지켜내기 위한 광해군의 고군분투가 시작된 지 몇 달이 지났을 무렵 광해군에게 한 가지 소식이 전해졌습니다. 명나라로 망명하려던 선조의 계획이 취소된 것입니다. 대체 어떻게 된 일일까요? 일본이 명나라까지 쳐들어올까 봐 걱정한 명나라가 조선에 지원군을 보냈기 때문이었습니다. 그렇게 명나라의 도움을 받게 된 조선은 수도 한양을 빼앗긴 지 1년 만에 가까스로 한양을 되찾을 수 있었어요.

상황이 달라지니 일본군의 추격을 피해 압록강 근처 의주로까지 피난해 있던 선조가 다시 한양으로 돌아왔습니다. 그동안 전란으로 망가진 조선을 되살리는 데 힘쓴 광해군은 아버지 선조가 고생한 자신을 기특하게 여기며 인정해 줄 것이라고 기대하지 않았을까요?

그러나 한양으로 돌아온 선조가 가장 먼저 한 일은 더 이상 필요 없어진 분조를 중단하는 것이었습니다. 그리고 아들 광해군에게 말했습니다.

"세자인 광해군이 뛰어나고, 광해군을 모시는 신하 중에는 현명한 사람이 많으니 나라가 번창하게 될 것이다. 이에 왕의 자리를 물려주고자 한다."

이 말만 들으면 선조가 열심히 일한 광해군에게 당장이라도 왕위를 넘겨주고 물러나려는 것 같지만 여기에는 깜짝 놀랄 속내가 따로 있었습니다.

선조가 이렇게 양위讓位 선언을 할 때마다 조선의 조정은 한바탕 뒤집어졌습니다. 신하들은 선조 앞에 엎드려 "아니 되옵니다, 전하!"를 외치며 간곡하게 반대했어요. 광해군도 매일 땅에 엎드려 식사도 거른 채 양위 명령을 거두어 달라고 간절히 호소했습니다. 조선 조정의 신하들과 세자 광해군은 선조의 양위 선언에 왜 이렇게 격렬히 반대했을까요? 속으로는 국정을 뒤로하고 도망친 선조의 양위를 반기더라도 "잘 생각하셨사옵니다" 하고 넙죽 받아들일 수 없었던 이유는 무엇이었을까요?

만약 선조가 말과 달리 실제로 양위를 하지 않으면 신하가 양위를 찬성한 행동은 불충이 되고 광해군은 불효하는 것이었기 때문입니다. 정치생명이 위험해질 수 있는 데다가 목숨이 위태로워질 수도 있는 문제였어요. 아니나 다를까 선조의 양위 선언은 신하들을 시험하려는 정치적 행위였습니다. 선조는 임진왜란이 있었던 7년 동안 무려 열여덟 번이나 양위를 선언했어요. 현실적으로 양위가 어려운 시기를 고르거나 혹시라도 자신의 양위 의사를 진심으로 받아들일까 봐 의도적으로 앞뒤가 맞지 않는 말을 하기도 했습니다.

사실 선조는 아들인 광해군에게 왕위를 물려줄 마음이 전혀 없었습니다. 그런데도 양위를 하겠다며 마음에도 없는 소리를 한 이유는 자신의 권위가 피란 이후 땅에 떨어진 것과 달리 분조를 성공적으로 이끈 광해군은 백성들의 사랑을 한 몸에 받고 있었기 때문이었지요. 선조의 양위 소동은 광해군에게 쏠린 민심을 가져오기 위한 일종의 전략이었음을 알 수 있습니다.

적자 탄생 후 흔들리는 입지

광해군이 선조의 질투와 압박을 견딘 지 어느덧 5년이 지난 1598년, 드디어 임진왜란이 막을 내립니다. 그런데 안심하고 즐거 위해야 할 이때, 광해군은 선조에게 이런 말을 듣게 됩니다.

"어째서 세자의 문안이라고 이르느냐. 너는 임시로 봉한 것이니 다
시는 여기에 오지 말아라."

이긍익,《연려실기술》

정식으로 책봉한 세자가 아니니 문안하러 오지 말라는 폭언을
들은 거예요. 광해군은 이 말을 듣고 너무 속상해서 피까지 토했다
고 합니다.

그런데 선조가 이런 말을 할 수 있었던 데는 그럴 만한 배경이
있었어요. 광해군의 세자 책봉에는 치명적인 약점이 하나 있었거
든요. 광해군은 당시 세자 책봉의 필수 조건이었던 명나라 황제의
승인을 받지 못했습니다. 명나라와 조선은 군신 관계였기 때문에
명나라 황제의 승인을 받아야 조선의 세자로서 완전한 정통성을
갖출 수 있었는데요. 명나라는 광해군이 장자가 아닌 둘째 아들이
라는 이유로 광해군의 세자 책봉을 거절했습니다.

가뜩이나 광해군이 못마땅했던 선조는 명나라의 거절을 핑계로
광해군은 진정한 세자가 아니라면서 광해군의 위신에 흠집을 내
기 일쑤였습니다. 명나라의 책봉 거절은 광해군 자체의 문제라기
보다 명나라 내부의 정치적인 상황 때문이기는 했으나 결과적으
로 광해군은 명나라로부터 무려 다섯 번이나 세자 책봉을 거절당

하고 말았습니다. 왕이 될 때까지 끝내 명 황제의 승인을 받지 못했지요. 이는 조선 역사상 전례 없는 일이었습니다.

그러던 중에 광해군의 지위를 송두리째 뒤흔드는 사건이 벌어집니다. 선조의 적자가 태어난 거예요. 오랜 세월 아이를 낳지 못했던 선조의 정실부인 의인왕후가 1600년 여름에 고열로 급사한 뒤 1602년 선조는 열아홉 살의 새 왕비 인목왕후를 맞이합니다. 광해군에게는 자신보다 아홉 살이나 어린 계모가 생긴 셈이었지요. 인목왕후는 선조와 혼인한 지 4년 만에 아들을 낳았습니다. 그 아들이 선조가 재위 39년 만에 얻은 귀한 첫 적자 영창대군입니다.

세자 책봉 때부터 아버지 선조가 한순간도 마음에 들어 하지 않았지만 광해군이 세자 자리를 지킬 수 있었던 가장 큰 이유는 세자를 바꿀 만한 마땅한 명분과 대안이 없다는 것이었어요. 세자 광해군은 이미 10년 넘게 왕위 후계자로서 자리 잡고 있었고 성품이나 언행에서도 흠잡을 데가 없었습니다. 그런 그에게 유일한 흠이 있다면 명나라에서 세자 책봉을 받지 못했다는 것뿐이었지요. 그런데 세자가 된 지 14년이 지난 때에 그 지위를 위협하는 대안이 나타나고 만 것입니다.

여기서 한 가지 짚고 넘어갈 것이 있는데요. 적자가 태어났다고 해서 광해군의 계승 서열이 밀리지는 않는다는 거예요. 적자가 없어 서자를 후계자로 세운 경우, 뒤늦게 적자가 태어나더라도 국가 승인을 받은 결정은 번복할 수 없다는 게 원칙이었습니다. 즉 영창

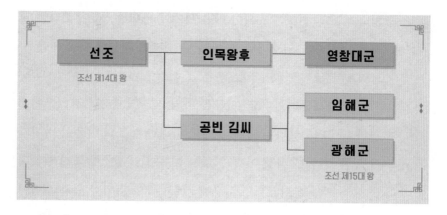

선조 대 왕실 가계도

대군이 태어났더라도 종법상 서열 때문에 광해군의 지위가 위협
받을 일은 없었지요.

　하지만 아버지 선조가 광해군을 못마땅해하는 상황에서 태어난
적자의 존재는 서열과 별개로 언제든 정치적 격랑에 휘말릴 수 있
었고 이는 광해군을 극도로 불안하게 만들었습니다.

가까스로 즉위해
대동법으로 민심을 얻기까지

　영창대군이 태어난 지 1년 반 정도가 흐른 1607년 10월, 선조가
건강이 급격하게 나빠져 위독해집니다. 자신의 상태가 예사롭지

않다고 느낀 선조는 드디어 다음 왕에게 왕위를 물려주겠다는 교
서를 내립니다. 그렇다면 두 아들 중 선조가 지목한 다음 왕은 누
구였을까요?

바로 광해군이었어요. 지금껏 미워하고 견제하던 광해군에게
왕위를 물려주겠다니 그새 광해군에 대한 선조의 마음이 바뀌기
라도 한 걸까요? 사실 어쩔 수 없는 이유가 있었어요. 당시 영창대
군은 겨우 두 살이었으므로 광해군에게 대항할 만한 힘과 세력이
아직 없었습니다. 게다가 서른세 살이 된 광해군을 내치고 어린 영
창대군을 왕으로 세우자니 흠이 없는 광해군을 폐위할 만한 명분
도 없었지요.

만약 선조가 좀 더 오래 살았다면 어떤 이유를 만들어서라도 영
창대군에게 왕위를 물려주려고 하지 않았을까 싶은데요. 그러나
죽음을 앞둔 선조는 결국 광해군에게 왕위를 물려주게 됩니다. 그
리고 4개월 뒤, 선조가 사망하면서 험난한 세자 시절을 거쳐 벼랑
끝까지 몰렸던 광해군은 마침내 조선의 제15대 왕으로 즉위하게
됩니다.

우여곡절 끝에 왕이 된 광해군에게는 여전히 그를 불안하게 하
는 존재가 남아 있었습니다. 바로 아버지 선조와 함께 끝까지 세자
광해군을 인정하지 않았던 명나라였지요. 명나라의 승인을 얻지
못하면 광해군은 조선 안에서만 국왕일 뿐 대외적으로는 정당한
왕이라고 할 수 없었습니다. 왕으로서의 권위에도 심각한 손상을

입는 데다가 조선 조정을 운영하는 데도 당연히 어려움이 따를 수밖에 없었지요.

그렇기에 광해군은 왕으로 즉위하자마자 명나라의 거절 명분을 제거하기로 결심합니다. 위협이 되는 친형 임해군의 존재를 지우기로 한 것이지요. 임해군을 역모 사건과 엮어 유배를 보내 버렸어요. 이때 조선 조정에는 유배로는 부족하니 임해군을 당장 처형해야 한다는 상소가 빗발쳤습니다. 광해군은 형제간에 어떻게 그럴수 있겠냐며 처형만큼은 절대 허락하지 않았어요.

형 임해군을 유배 보낸 지 1년이 지난 어느 날, 광해군에게 충격적인 보고가 도착합니다. 임해군이 유배지에서 갑자기 사망했다는 것이었지요. 광해군은 그 소식을 듣고 눈물을 흘리면서 형을 애도하는 모습을 보였지만 실상 파악을 위한 조사관도 파견하지 않았고 사인을 제대로 조사하지 않았습니다. 이게 무슨 뜻일까요?

유교 왕조 국가에서는 역모에 연루된 형제를 처형하지 않고 덕을 베풀어 유배한 뒤, 다른 사람이 죽이게끔 사주하거나 묵인함으로써 제거하는 게 일반적이었어요. 그렇게 제거한 뒤에는 슬퍼하는 모습을 공식적으로 몇 차례 보여 주면 그만이었지요. 그렇기에 임해군의 죽음에도 광해군이 개입했을 가능성이 크다고 추측할 수 있습니다.

임해군이 죽은 지 한 달쯤 지난 1609년 6월, 광해군이 그토록 기다렸던 명나라의 책봉사가 한양에 도착했습니다. 세자 때는 끝내 받지 못했던 명나라 황제의 승인을 왕이 되어 받을 수 있게 된 것입니다.

성대한 책봉 의식을 치르면서 16년간 끈질기게 괴롭혔던 약점을 지워낸 광해군은 정통성을 확보한 명실상부한 조선의 왕으로서 두 번째 행보를 보여 줍니다. 조선 조정의 신하들에게 이런 명령을 내렸지요.

> "오직 인재만을 천거하고 어진 사람만을 기용하여 다 함께 시대의
> 어려움을 극복해 나가게 하라."
>
> 《광해군일기 중초본》 1권, 광해군 즉위년(1608) 2월 25일

당시 조선에는 오늘날 정파라고 할 수 있는 붕당이 있었습니다. 그런데 광해군의 이 말은 전쟁으로 피폐해진 백성들의 삶을 구해야 하니 붕당과 상관없이 좋은 인재면 모두 기용하겠다는 의지를 표명한 말이었습니다.

그런데 광해군이 즉위한 때는 임진왜란이 끝난 지 딱 10년째가 되던 해였습니다. 그래서 7년이나 이어진 전란의 후유증이 아직도 사회 전반에 진하게 남아 있었습니다. 이때 광해군이 당면한 최우선 과제는 전란을 마저 수습하고, 극도로 황폐해진 백성들의 생활을 되살리는 일이었어요. 곧바로 전후 복구 사업에 주력한 광해군은 토지를 개간하고 토지 대장과 호적을 정비해 국가 재정을 최대

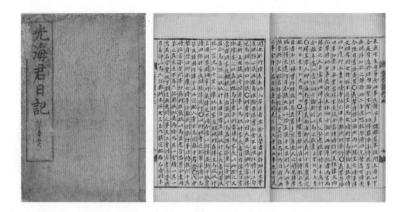

광해군일기 조선왕조실록은 일반적으로 실록 편찬을 완료하면 초초본과 중초본은 세초하여 없애고 정초본만을 인쇄해 사고에 보관하는 것이 관례였으나 광해군일기만은 중초본까지 남겼다. 이는 광해군이 폐위되어 그의 세력이 재기할 가능성이 사라졌기 때문에 중초본을 없애야 할 이유가 없었기 때문으로 보인다. 국립중앙박물관 제공.

한 회복하기 위해 노력했습니다. 성곽과 무기를 수리해 국방도 강화했어요.

이때 시행된 제도가 바로 그 유명한 대동법大同法입니다. 세금을 동일하게 쌀로 내게 한 일종의 조세 제도인데요. 대동법이 시행되기 전에 백성들은 세금으로 공물, 즉 지역 특산물을 바쳐야 했습니다. 예를 들어 제주도에 살면 귤을 바쳐야 하는 것이지요. 그런데 문제는 자연재해로 피해를 입은 경우에도 반드시 특산물을 바쳐야 했다는 것입니다. 그래서 백성들은 특산물을 생산하지 못한 때에도 어쩔 수 없이 방납인이라는 브로커에게 시중가보다 훨씬 비싼 가격을 지불하고 특산물을 대신 납부하게 하는 방법을 선택할 수밖에 없었어요.

그런데 대동법은 화폐나 마찬가지였던 쌀로 세금을 통일해 땅을 많이 가진 사람은 쌀을 많이 내고 땅을 적게 가진 사람은 쌀을 적게 내게 하면서 세금에 차등을 두었습니다. 그야말로 파격적인 조세 제도 개혁이었지요. 여러 해 동안 시행이 건의되었지만 시행하는 데 어려움을 겪던 대동법을 광해군이 1608년 경기도에 한하여 실시할 것을 명한 것이었습니다.

광해군의 노력은 이뿐만이 아니었습니다. 조선 시대의 대표적인 의학 서적《동의보감》을 편찬하게 하기도 했어요. 선조 때부터 활약한 의관 허준이 필두로 나서 집필한《동의보감》은 전쟁의 후유증으로 인해 의학과 약학의 수요가 높아진 이 시기에 집필이 마무리되었습니다.

이 모든 건 조선 사회를 전쟁 이전의 모습으로 되돌리기 위한 광해군의 노력 덕분에 가능했습니다. 이런 광해군의 모습은 임진왜란 당시 백성들이 기대한 진정한 왕 그 자체였어요. 왕이 된 광해군에게 또다시 민심이 모여들었습니다.

동의보감 신형장부도 조선 시대 의관 허준이 중국과 조선의 의서를 집대성해 저술한 의학서로 조선 의학의 핵심을 잘 정리하고 있다. 첫 장에 등장하는 신형장부도는 오장육부와 생리작용이 어떻게 연결되는지 표현하고자 한 일종의 개념도이다. 국립중앙도서관 제공.

왕권을 향한 집착
패륜을 불사하는 광해군

명나라 황제의 승인으로 확보한 정통성, 붕당 상관없이 고르게 인재를 등용하며 이끌어간 조정, 그리고 노력으로 얻어 낸 민심까지. 광해군은 의심할 나위 없이 충분한 능력과 자격을 지닌 왕이었습니다. 그런데 광해군이 즉위한 지 5년째 되던 해에 조선을 뒤흔든 사건이 터집니다.

사건의 시작은 1613년 3월 경상도 문경새재에서 벌어진 '은 강도 사건'이었습니다. 한 무리의 강도들이 문경새재 길목을 지나는 상인들을 죽이고 은 수백 냥을 약탈한 사건이었어요. 그런데 잡혀 온 강도들이 취조받던 중에 깜짝 놀랄 말을 뱉어냈습니다.

"은화를 모아 무사들과 결탁한 다음 거사하려 했다."

은 상인을 덮친 이유가 광해군을 왕위에서 끌어내리는 역모의 자금을 마련하기 위해서였다는 것입니다. 은 강도들이 밝힌 역모의 주도자는 김제남이란 인물이었어요. 김제남은 영창대군의 외할아버지로 이제는 대비가 된 광해군의 계모 인목대비의 아버지였습니다. 그가 광해군을 쫓아내고 왕위에 올리려고 한 인물은 당연하게도 영창대군이었지요.

그렇지 않아도 광해군에게 영창대군은 신발 속 돌멩이처럼 신경에 거슬리는 존재였습니다. 태어난 그 순간부터 광해군에게 큰 위기를 줬던 영창대군은 언제라도 자신을 위협할 수 있는 인물로 성장하고 있었습니다. 광해군은 항상 불안했을 테지요.

우려가 현실이 된 이때, 광해군은 역모를 주도한 김제남과 그 아들들을 처형하고 이복동생 영창대군을 강화도로 유배 보냈습니다. 당시 유배를 떠나던 영창대군의 나이는 겨우 여덟 살이었어요. 역모가 뭔지도 모를 어린아이에 불과했습니다.

그런데 다음 해 2월, 강화도에서 안타까운 소식이 들려왔습니다. 겨우 아홉 살이었던 영창대군이 유배지에서 숨을 거뒀다는 것이었지요. 더 충격적인 것은 영창대군이 죽은 이유였어요.

"영창대군이 빨리 죽지 않을까 걱정하여 그 온돌에 불을 때서 아주 뜨겁게 해서 태워 죽였다. 대군이 종일 문지방을 붙잡고 서 있다가 힘이 다하여 떨어지니 옆구리의 뼈가 다 탔다."

《광해군일기 중초본》 74권, 광해 6년(1614) 1월 13일

누군가가 온돌에 불을 때서 방을 뜨겁게 만든 다음 태워 죽였다는 것입니다. 이 끔찍한 소식에 광해군은 어떻게 반응했을까요? 신하들에게 슬프고 가슴이 아프다며 이복동생 영창대군의 후한 장례 준비를 지시했습니다. 하지만 영창대군의 죽음을 파헤치는 조사는 이번에도 이뤄지지 않았습니다. 형 임해군이 죽었을 때와 마찬가지로 말이지요.

당시 조선의 국법에 따르면 15세 이하인 미성년자는 죄를 짓더라도 바로 처벌받지 않고 성인이 될 때까지 기다렸다가 처벌받게 되어 있었습니다. 그 죄가 사형에 해당할지라도 말이지요. 그러니 아홉 살밖에 되지 않은 영창대군을 바로 제거해 후환의 싹까지 없앤 광해군은 극심한 적장자 스트레스에 시달린 것으로 보입니다. 영창대군이 성인이 될 때까지 기다리기 불안했던 것이지요.

그러나 워낙 많은 악행을 저지른 데다가 장성한 어른이었던 형 임해군과는 달리 영문도 모르는 어린 동생을 제거했을 때는 노골적으로 광해군을 비난하는 여론이 일었습니다. 신하들의 지지를 잃을까 봐 두려움에 빠져 동생을 죽인 광해군은 오히려 신하들이 등을 돌리는 일을 자초하게 되었습니다.

하지만 신하들의 비난 여론에도 광해군은 멈추지 않고 폭주하기 시작합니다. 다음 목표는 누구였을까요? 궁궐에 나타난 그 순간부터 광해군을 불안하게 만들었던 인물! 바로 광해군의 계모 인목대비였습니다.

역모 혐의로 처형당한 김제남의 딸이자 영창대군의 어머니인 인목대비는 광해군이 설계한 역모 사건의 마지막 남은 관련자이기도 했습니다. 하지만 아무리 역모 사건에 얽혀 있다 해도 광해군이 인목대비를 처벌하는 건 결코 쉬운 문제가 아니었어요. '효孝'가 더없이 중요한 유교 사회 조선에서 아들이 어머니를 벌한다는 것은 상상도 할 수 없는 일이었지요. 하지만 이런 금기에도 광해군은 인목대비의 처벌을 밀어붙였습니다.

"지금 이후로는 대비의 호칭은 없애도록 하라."

《광해군일기 중초본》 123권, 광해 10년(1618) 1월 28일

인목대비를 대비라 부르지 말라고 한 뒤 지금의 덕수궁에 유폐하고 그곳을 서궁_{西宮}으로 낮춰 부르라는 명까지 내렸습니다. 오늘날 자신의 거주지에 감금되는 형벌인 '가택 연금'을 명령한 것이었지요. 조선 왕조 역사상 전무후무한 패륜 사건이 벌어진 것입니다. 광해군 때문에 아버지와 형제, 아들마저 잃은 인목대비는 이제 왕실의 큰 어른으로서 누려야 할 권리마저 빼앗긴 채 궁궐에 갇혀 죽은 듯 살아야 했습니다.

어머니를 유폐하고, 동생을 죽이는 패륜을 저지른 광해군의 행동을 우리는 이렇게 말합니다. '버릴 폐廢', '어머니 모母', '죽일 살殺', '아우 제弟'를 쓴 폐모살제입니다. 아무리 어머니가 역모와 관련이 있다 하더라도 효를 안다면 감싸 주어야 하는데 오히려 들춰내고 어머니를 유폐하기까지 했으니, 이 일로 그동안 광해군을 지지해 오던 붕당과 일부 북인까지도 등을 돌리게 됩니다. 폭군으로 기록될 명분을 제공한 셈이지요.

일평생 자신을 불안하게 한 위협 요소들을 제거하기 위해 폭주하는 기관차처럼 멈출 줄 몰랐던 광해군은 유교 사회인 조선에서

는 용납하기 힘든 행동들을 이어갔습니다. 왕위를 두고 더는 불안해하고 싶지 않아 벌인 이런 행동들은 오히려 부메랑이 되어 스스로 고립당하는 결과를 낳았어요. 이때부터 광해군의 지위는 위태롭게 흔들리기 시작합니다.

신하와 백성의 신뢰를 잃고 파멸로 향하다

대다수 신하가 광해군에게서 돌아선 이때, 명나라 황제가 광해군에게 느닷없이 명나라에 조선의 군사를 보내 달라고 요구해왔습니다. 만주를 중심으로 흩어져 있던 여진족이 통일되면서 탄생한 신흥강국, 후금이 명나라에 도전장을 내밀었기 때문입니다. 대륙의 패권을 두고 두 강대국이 맞붙게 되자 명나라 황제가 광해군에게 후금과 싸울 군대를 파견하라고 한 것이었지요. 임진왜란 때 패망할 뻔한 조선을 구해 준 은혜를 갚을 차례라면서 말입니다.

광해군은 명나라의 요구에 이렇게 말했습니다.

"조선은 전쟁의 후유증에서 아직 벗어나지 못했기 때문에 수만 명의 군대를 동원할 능력이 없습니다."

그리고 이런 말까지 더했습니다.

"조선 군인들은 실전 경험이 없는 농부들이기 때문에 차라리 압록강변에서 마음으로 응원하겠습니다."

　이렇듯 광해군은 온갖 평계를 대며 파병을 거부했어요. 임진왜란의 참상을 직접 겪은 만큼 또 한 번 전쟁에 휘말려선 안 된다고 생각했던 것입니다. 하지만 신하들은 이 결정에 반대하며 광해군의 심기를 불편하게 했습니다.

　"명나라는 조선의 부모국이자 임진왜란 때 은혜를 베푼 은인인데, 부모와 은인이 도와 달라고 하면 목숨을 걸고서라도 도와야 합니다."

　성리학을 따르는 조선 조정의 신하들에게 '충忠'을 다해야 할 군신 관계의 명나라를 돕는 건 주판알을 튕기며 계산하는 것과 같은 문제가 아니었어요. 당연히 해야 할 도리였지요. 신하들은 폐모살제하여 '효'를 저버린 광해군이 이번에는 명나라를 배신하며 '충'을 저버린다고 보았습니다. 유교로 무장한 조선의 신료들은 광해군의 왕으로서의 자질마저 의심했어요.

　결국 신하들의 독촉과 명나라의 압박을 견디지 못한 광해군은 이듬해 2월 명나라에 한 차례 지원군을 보냈습니다. 하지만 파병 요구는 끝나지 않았지요. 후금에 패배해 요동 지역을 빼앗기고 만 명나라가 다급하게 대리인 자격을 가진 어사에게 황제의 칙서를 주고 조선으로 보냈거든요. 칙서의 내용은 무엇이었을까요? 또 한 번 지원군을 요구하는 것이었습니다. 광해군은 이번에는 단호하게 거절했어요. 이는 명나라 황제의 책봉을 받은 조선의 왕이 공식적으로 문무백관이 지켜보는 앞에서 명나라 황제의 명령을 거절해 '충'을 배반한 태도로 보였지요.

광해군의 두 번째 파병 거절 이후, 신하들은 급기야 근무를 거부하면서 조정에 출근하지 않았습니다. 유교 사회 신하들은 충과 효를 모두 저버린 광해군을 왕으로 인정하지 않기 시작했어요. 그래서 최후의 수단으로 장기간 파업에 돌입했습니다. 완전히 고립된 광해군에게는 더 큰 문제가 기다리고 있었습니다. 광해군의 왕권을 뿌리부터 흔드는 일이 벌어지고 있었거든요.

"밤낮으로 일삼는 것이라고는 오직 궁궐을 짓는 한 가지 일밖에 없었다."

《광해군일기 중초본》 138권, 광해 11년(1619) 3월 17일

경제가 어려운 상황임에도 불구하고 광해군은 인왕산 자락 아래, 창덕궁과 창경궁을 대신하고도 남을 규모의 궁궐 두 개를 동시에 짓고 있었습니다. 3개월간 궁궐 공사에 들어간 철만 해도 무려 10만 근이었습니다. 조선이 만드는 1년 치 무기의 열 배에 해당하는 양이었지요. 조선의 약 10년 치 무기를 생산할 수 있는 철을 궁궐을 짓기 위해 다 써 버린 것이었어요. 국고 낭비는 다른 곳에서도 이루어지고 있었습니다. 남한산성과 강화에 있는 군량미뿐 아니라 심지어 군사 요충지에 비축해 놓은 곡식까지 가져다가 궁궐

을 짓는 데 필요한 돌을 사들이는 비용으로 썼어요.

그런데도 국고로는 도저히 궁궐 공사를 감당할 수 없어지자 광해군은 공사의 재료를 제공한 백성에게 '당상관'이라는 고위 관직을 내렸습니다. 그래서 이 관직을 가리켜 이렇게 불렀지요. 오행당상五行堂上. 불, 물, 나무, 쇠, 흙 다섯 가지의 재료를 바쳐 따낸 당상관이라는 뜻입니다. 돈을 바친 사람, 목재를 바친 사람, 땅을 바친 사람, 석재를 바친 사람에게 벼슬을 줘서 온갖 사람들이 당상관이 된 것을 조롱하는 말이었지요. 여기에서 나온 말이 바로 '따 놓은 당상'입니다. 이런 조롱이 나올 정도로 백성들의 불만은 커져만 갔습니다. 그렇게 해서 지어진 궁궐이 오늘날 경희궁으로 불리는 경덕궁과 지금은 남아 있지 않은 인경궁입니다.

즉위 초반에는 대동법이라는 파격적인 제도까지 시행해가며 민생을 안정시키기 위해 노력했던 왕, 광해군이 이렇게까지 변한 이유는 대체 뭐였을까요? 또 민생을 살피지 않고 궁궐 공사에 왜 이렇게까지 집착했을까요? 신하들이 광해군에게 올렸던 상소에서 그 답을 찾을 수 있습니다.

"사람을 현혹시킬 뿐 무슨 뜻인지 헤아릴 수 없습니다. 풍수의 설은 경전에 나타나지 않은 말로 괴상하고 아득하여 본디 믿을 수 없습니다."

《광해군일기 정초본》 59권, 광해 4년(1612) 11월 15일

경희궁지 숭정문 문화재청 제공

   당시 광해군을 현혹했던 것은 바로 '풍수지리'였습니다. 풍수지리에 대한 광해군의 믿음이 어찌나 지나쳤던지 한 신하가 '정신 차리시옵소서'라는 내용의 상소문까지 올린 것입니다. 이맘때 광해군이 맹목적으로 믿고 있던 풍수설이 하나 있습니다.

   "인왕산에 왕기가 서려 있으니, 인왕산에 터를 잡은 사람은 앞으로 왕이 된다."

   당시 수도 한양에 돌고 있던 이 풍수설을 들은 광해군은 어떤 생각을 했을까요? 인왕산 터에서 왕이 나면 그 존재는 새로운 위협이 되기에 광해군은 애초에 그 위협을 제거하기 위해 인왕산 터를 자신이 차지하기로 합니다. 그래서 인왕산 자락에 경덕궁과 인경궁을 짓기 시작한 것이지요. 광해군은 비합리적인 생각에 빠져 피폐한 백성들의 고혈을 짜면서까지 궁궐 공사에 계속해서 막대한 돈을 쏟아부었습니다.

피폐했던 세자 시절의 트라우마 때문이었을까요? 이때의 광해군은 모든 신하를 믿지 못하고 왕위 보전에 집착하며 풍수와 도참, 미신에 빠져 피해망상의 증세까지 보였습니다.

임진왜란의 영웅
폭군이 되어 쫓겨나다

백성들의 원망이 하늘을 찌르고 조정 신료들의 파업이 계속되던 1623년 3월, 서궁에 유폐되어 있던 인목대비가 오랜만에 모습을 드러냅니다.

> "10여 년 동안 유폐되어 살면서 지금까지 죽지 않은 것은 오직 오늘 날을 기다린 것이다."
>
> 《인조실록》 1권, 인조 1년(1623) 3월 13일

인목대비가 기다린 오늘은 광해군을 몰아낸 역모가 일어난 날이었습니다. 역모라니, 무슨 일이 있었던 걸까요? 인목대비가 모습

을 드러내기 하루 전날 밤, 1,000여 명의 군사가 광해군이 묵고 있는 창덕궁으로 향했습니다. 궁에 쳐들어온 무장 세력은 누구의 저항도 받지 않고 창덕궁 정문으로 들어섰어요. 정문을 지키는 훈련대장이 이미 역모 세력과 내통하고 있었기 때문이지요.

무혈입성한 군사들은 언제 은밀히 움직였냐는 듯 사방에 불을 지르고 북을 울리며 궁궐 안으로 밀어닥쳤습니다. 궁궐을 뒤흔드는 군사들의 함성에 역모 사실을 알게 된 광해군은 무력하게 도망칠 수밖에 없었습니다. 그나마도 반나절을 채 버티지 못하고 다음 날 새벽에 붙잡혀 버렸지요.

광해군을 몰아내고 궁궐을 점령한 이들의 역모가 완성되기 위해서는 한 가지 필요한 게 있었습니다. 바로 왕실의 최고 어른인 인목대비로부터 정당성을 인정받는 것이었습니다. 인목대비가 그들의 역모를 인정하는 순간, 그들의 쿠데타는 반역이 아닌 '본래 바른 상태로 돌아간다'는 의미의 반정反正으로 완성될 수 있었지요. 역모 세력은 궁궐을 점령하자마자 인목대비를 찾아갔고, 오랜 시간 폐쇄됐던 서궁의 문이 열리게 됩니다.

그렇게 왕실 최고 어른으로서 다시 광해군 앞에 선 인목대비. 광해군은 그녀 앞에 무릎 꿇은 채 폐위당하게 됩니다. 형제와 계모를 버려서라도 지키고 싶었던 왕의 자리에서 결국 물러나게 되었지요.

인목대비의 인정을 받아 당당히 조선의 왕위를 차지한 인물은 광해군의 조카인 능양군이었습니다. 그는 광해군의 뒤를 이어 조선의 제16대 왕으로 즉위해 인조가 됩니다. 이것이 불효와 불의를 명분으로 광해군을 폐하고 인조를 옹립한 사건, 바로 인조반정입니다. 인조의 즉위에는 한 가지 주목할 만한 점이 있었습니다. 광해군이 집착했던 왕기가 서린 인왕산 터를 기억하나요? 그곳은 광해군이 빼앗아 궁궐을 짓기 전까지 인조의 아버지 정원군이 살던 곳이었습니다. 결국, 광해군이 맹신한 풍수설대로 인왕산에 터를 잡은 정원군의 아들 인조가 왕위에 오르게 된 것입니다.

임진왜란 당시 전란에 휩싸인 조선을 책임지고 재건한 세자 광해군은 그때의 경험을 살려 전후 복구에 힘쓰며 민생을 안정시키

덕수궁 석어당 단청을 하지 않아 소박한 석어당은 유폐된 인목대비가 거처한 곳으로 인조반정 후에 광해군은 이곳에서 인목대비에게 죄를 고하고 인조에게 옥새를 건넸다. 문화재청 제공.

고 민심을 다독일 때까지는 분명 준비된 왕이었습니다. 하지만 살얼음판을 걷듯 불안했던 16년간의 세자 시절은 광해군에게 트라우마가 되어 스스로 자신을 괴롭혔고, 모든 위협을 제거하겠다며 저지른 패륜과 악행은 국정 운영의 실패로 이어지고 말았지요.

폐위 이후 18년간의 유배 생활 끝에 생을 마치며 끝내 '폭정으로 쫓겨난 왕'으로 기록된 광해군. 광해군이 집권 초반에 바라본 대상은 오직 백성이었지만 집권 후반에 그가 바라본 대상은 오직 자신의 권력이었습니다.

6장

벌거벗은
조선 신데렐라

김범(국사편찬위원회 편사연구관)

왕비가 되고 싶었던
궁녀 장희빈의 최후

때는 1686년, 호통 소리가 쩌렁쩌렁 울리며 궁궐을 가득 메웠습니다.

"그자들을 잡아다 가두어라!"

조선의 제19대 왕 숙종이 한 신하를 잡아다 가두라는 매서운 어명을 내린 것입니다. 숙종은 제18대 왕 현종의 적장자로서 정통성을 갖춰 강력한 왕권을 휘두른 왕이었습니다. 그런 그가 매섭게 호통을 친 이유는 무엇이었을까요? 그 신하가 올린 상소 때문이었습니다. 상소에는 '이런 국가의 재앙과 난리는 여인을 총애하는 데서 옵니다'라는 질타가 적혀 있었습니다. 당시 조선에서는 수해며 지진이며 자연재해가 연달아 일어났는데, 이러한 재난이 일어난 이유가 숙종이 한 여인을 총애하기 때문이라는 것이었습니다. 도대체 누구를 총애했기에 이런 상소까지 올라온 걸까요? 신하가 올린 상소의 말미에 그 여인의 정체가 밝혀집니다.

> "성상께서 장녀張女를 내쫓아서 맑고 밝은 정치에 누를 끼치지 말게 하소서."
>
> 《숙종실록》 17권, 숙종 12년(1686) 7월 6일

상소에서 내쫓으라고 말하는 문제의 장녀가 바로 영화와 드라마를 통해 익히 들어온 궁녀 '장희빈'입니다. 한 신하가 숙종이 일개 궁녀 장씨에게 빠져 나라는 뒷전이라고 조목조목 비판하는 상소를 올린 것이었지요. 그리고 또 하나의 상소가 올라옵니다.

"미색에 너무 마음을 빼앗기지 마옵소서!"

신하들이 한마음 한뜻으로 숙종에게 궁녀 장씨를 조심하라고 외친 것인데요. 숙종이 장희빈을 얼마나 총애했길래 신하들이 난리가 난 걸까요? 일개 궁녀 하나 때문에 여러 번 상소가 올라온 것은 상당히 이례적인 일입니다. 그만큼 숙종이 장희빈에게 깊게 빠져 있었고 아울러 숙종과 궁녀 장희빈의 문제가 단순한 애정 문제가 아니라 국정에 영향을 줄 만큼 중대한 일이었다는 방증이기도 했습니다. 그러나 숙종은 장희빈을 비난하는 상소가 올라올 때마다 상소를 쓴 신하에게 불같이 화를 내면서 벌을 내렸어요.

신하들이 상소까지 올리며 뜯어말릴 정도로 뜨거웠던 숙종과 장희빈의 사랑! 장희빈은 일개 궁녀에서 중전의 자리에 오르는 인생 역전을 이뤄 '조선의 신데렐라'로 불리기도 합니다. 어떻게 장희빈은 숙종의 사랑을 한 몸에 받게 된 걸까요? 죽을 때까지 그 사랑을 유지해 정말로 인생 역전에 성공했을까요? 이제부터 그 비밀을 벗겨보겠습니다.

왕의 눈에 띈 궁녀 장옥정

'장희빈'을 실제 이름으로 알고 계신 분들이 많은데요. 조선 후기 문신이자 인현왕후의 동생인 민진원이 궁정에서 일어난 일을 기록한 《단암만록》에 따르면 장희빈의 본명은 장옥정입니다. 그런데 그녀는 왜 본명이 아닌 장희빈이라는 이름으로 더 유명해졌을까요?

장희빈의 이름에서 '빈'은 서열 1위 후궁의 명칭입니다. 내명부 정1품에 해당하고요. 그런데 어째서 그냥 빈이 아니라 '희'빈이었을까요? 궁정에서는 여러 명이었던 빈을 구분하려고 한자를 하나씩 붙여서 불렀습니다. 장희빈에게는 '복 희禧'가 붙었고 성이 장씨라 장희빈이 된 것입니다. 장희빈이라는 이름에는 일개 궁녀에서 후궁

서열 1위까지 오른 드라마틱한 인생이 담겨 있기도 한 것이지요.

장희빈은 역관 집안의 막내딸로 태어났습니다. 장희빈 아버지의 집안은 대대로 지금의 통역사 격인 역관을 지냈어요. 역관으로 일하면서 제법 재물을 모아서 넉넉한 생활을 했다고 합니다. 그렇다면 역관의 신분은 무엇이었을까요? 양반 아래 신분인 중인이었습니다. 따라서 장희빈 역시 중인이었지요. 비록 양반은 아니었지만, 장희빈은 재력 있는 중인 집안의 딸로 잘 자라고 있었습니다.

그러던 어느 날, 장희빈이 열 살 정도 됐을 때 갑자기 장희빈의 아버지가 병으로 죽고 생계를 책임지던 가장의 부재로 가세가 기울기 시작합니다. 조선에서 여성이 돈을 벌 마땅한 방법이 없으니 장희빈의 어머니는 딸을 궁녀로 들여보내기로 결심했어요. 장희빈은 어머니 지인의 소개로 입궁하게 되었고 중인 출신의 궁녀로 궁 생활을 시작했습니다.

어느덧 궁녀가 된 지 10년이 지났고, 장희빈은 다른 궁녀들처럼 하루하루 일하며 평범하게 살아가고 있었습니다. 그런 그녀에게는 많은 이의 시선을 사로잡을 수밖에 없는 무언가가 있었는데요.

"나인으로 뽑혀 궁중에 들어왔는데 자못 얼굴이 아름다웠다."

《숙종실록》 17권, 숙종 12년(1686) 12월 10일

사관이 직접 실록에 기록할 정도로 장희빈의 외모는 눈에 띄게

출중했습니다. 그리고 결국 1680
년 겨울, 궁 안의 누군가가 장희빈
에게 완전히 반해버립니다. 누구
였을까요? 여러분이 예상한 대로
그 인물은 바로 왕 숙종이었어요.

당시 숙종은 힘든 시간을 보내
고 있었습니다. 첫 번째 왕비인 인
경왕후가 전염병으로 죽고 말았
기 때문입니다. 세자 시절부터 함
께한 아내를 떠나보내고 텅 빈 숙
종의 마음에 쏙 들어온 인물이 바

숙종실록 숙종 재위 41년간을 기록한 실록으로
장희빈의 출중한 외모에 관해서도 언급이 되고 있
다. 실록에 궁궐 여인의 외모가 아름답다고 기록
된 건 장희빈이 유일무이하다. 서울대학교 규장각
한국학연구원 제공.

로 장희빈이었지요. 당시 숙종은 스무 살, 장희빈은 스물두 살로
연상 연하 커플이었습니다. 숙종은 아내를 잃은 괴로움을 장희빈
을 통해 서서히 잊게 되지 않았을까요? 장희빈과 숙종은 점점 가
까워졌고, 함께 밤도 보냈지요. '승은承恩'을 입은 것입니다. 승은은
궁에서 여성이 왕에게 사랑을 받아 밤에 모셨다는 뜻으로 왕이 존
재했던 시대에 쓰인 말입니다.

숙종의 사랑을 받은 장희빈은 일반 궁녀에서 '승은을 입은 궁녀'
가 되었습니다. 흔히 승은을 입으면 바로 후궁이 된다고 생각하기
도 하는데 그건 아닙니다. 승은 궁녀들은 일반 궁녀가 평소에 하던
힘든 일을 하지 않고 오직 왕을 기다렸다가 왕이 오면 모시는 일만

하는 정도였지요.

그것만으로도 특별 대우였지만 기회를 잘 만나면 진정한 왕의 여자, 즉 후궁이 될 수도 있었지요. 후궁이 된다는 건 지위에 따라 정1품에서 종4품까지 높은 품계를 받고 왕의 공식 첩으로 인정받는 것이기도 했습니다. 특히 품계를 받는 데는 왕의 아이를 갖는 것이 큰 영향을 주었기에 승은 궁녀들은 왕의 아이를 가지려고 무척 애를 쓰기도 했어요. 지금의 우리는 이해하기 어렵지만 평생 결혼도 하지 못하고 궁에서 일만 해야 했던 궁녀에게 승은은 신분 상승의 중요한 기회였습니다.

대비의 견제를 받아
궁에서 쫓겨나다

그런데 왕의 총애를 한 몸에 받던 장희빈에게 어느 날 날벼락 같은 명령이 내려옵니다.

"궁녀 장씨를 당장 궁 밖으로 내쫓아라!"

왕의 승은까지 입은 궁녀를 갑자기 쫓아내겠다니, 대체 무슨 일이 일어난 걸까요? 명령을 내린 사람은 현종의 왕비이자 숙종의 친어머니인 명성왕후였습니다. 명성왕후는 중전이 없는 상황에서 왕대비로서 궁궐 안 여성들인 '내명부'를 이끌고 있었어요. 명성왕후는 갑자기 왜 이런 명령을 내렸을까요?

"그 사람은 매우 간사하고 악독하다. 주상이 평일에도 희로喜怒의 감정이 느닷없이 일어나시는데, 만약 꾐을 받게 되면 국가의 화가 됨은 말로 다 할 수 없을 것이다."

《숙종실록》17권, 숙종 12년(1686) 12월 10일

여기서 말하는 그 사람은 바로 승은 궁녀 장희빈입니다. 명성왕후는 장희빈을 숙종 곁에 둘 수 없는 이유로 두 가지를 들었습니다. 우선 명성왕후가 느끼기에 궁녀 장희빈은 간사하고 악독해서 궁 내에서 분란을 일으킬 수 있는 성격이라고 판단했고, 평상시에 기뻐하다가도 불쑥 화를 내곤 하는 숙종의 성격도 불안하다고 지적했어요. 이렇게 감정적인 숙종이 간사한 장희빈의 꾐에 빠지면 국가에 해가 되는 판단을 할 수도 있다고 말했습니다.

하지만 왕이 좋아하는 여자를 쫓아내는 건 아무리 왕의 어머니라도 부담스러운 결정이었겠지요. 그런데도 기어코 명성왕후가 장희빈을 쫓아낸 데는 또 다른 이유가 있었습니다. 바로 서인西人과 남인南人의 대립 때문이었지요. 대체 이것이 장희빈과 무슨 연관이 있던 걸까요?

16세기부터 새로이 조선 정치계의 주류로 등장한 세력은 지방 중소 지주 출신의 선비들인 '사림'이었습니다. 사림은 서로 뜻이

맞는 사람들끼리 모여서 당을 형성했는데 이를 '붕당'이라 합니다. 조선 후기 역사를 관통하는 중요한 주제 중 하나가 당쟁黨爭이라 말할 만큼 붕당은 조선 후기 정치에 큰 영향을 끼쳤습니다. 숙종이 재위했을 시기에 붕당으로는 서인과 남인이 있었습니다. 이 두 파가 권력을 놓고 치열하게 싸웠지요.

숙종이 즉위한 지 6년째가 되던 이 시기에는 서인이 주도권을 쥐고 있었고 명성왕후는 서인 쪽 사람이었어요. 장희빈과 그녀의 가족들은 남인과 가까웠습니다. 장희빈을 향한 숙종의 총애가 커지면 숙종이 장희빈 주변의 남인을 등용할 수도 있었지요. 명성왕후가 장희빈의 성격을 마음에 들어 하지 않은 것도 맞지만 쫓아내기까지 한 것은 정치적 계산이 작용한 것으로 볼 수 있습니다.

갑작스러운 출궁에 장희빈도 당황스러웠겠지만 이는 숙종에게도 날벼락이었습니다. 하지만 숙종은 단호한 어머니의 결정을 거스를 수도 없었습니다. 숙종은 크게 반대 한번 하지 못하고 장희빈과 헤어지고 싶지 않은 마음을 접어야만 했습니다.

장희빈이 궁에서 쫓겨나 숙종과 생이별한 지 얼마 되지 않은 때에 조선이 떠들썩해지는 성대한 행사가 열립니다. 중전 자리를 오랫동안 비워둘 수 없었기에 숙종이 두 번째 결혼식을 올린 것이었어요. 숙종의 두 번째 왕비는 열다섯 살의 '인현왕후'였습니다. 인현왕후는 지금의 장관급인 판서를 역임한 민유중의 딸로 민유중은 서인 쪽 실세였습니다. 당대 세도가의 딸과 숙종의 결혼을 유독

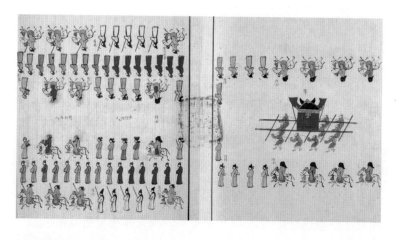

《숙종인현왕후 가례도감의궤》의 일부 숙종과 인현왕후의 결혼식을 기록한 그림이다. 인현왕후는 가마를 메는 군사, 연배군輦陪軍이 들어 올린 지붕이 있는 붉은색 가마에 타고 있다. 한국학중앙연구원 장서각 제공.

반긴 이는 당연히 숙종의 어머니 명성왕후였습니다. 서인 집안의 딸 인현왕후는 장희빈과 달리 명성왕후의 마음에 쏙 들었지요.

5년 만에 돌아와
숙종의 마음을 독차지하다

숙종과 인현왕후가 결혼한 지 5년이 지난 1686년 어느 날, 궁으로 한 여성이 들어왔습니다. 놀랍게도 그 인물은 장희빈이었습니다. 어떻게 쫓겨났던 장희빈이 돌아올 수 있었을까요? 장희빈을 궁으로 부른 이는 놀랍게도 숙종의 아내 인현왕후였습니다. 이게 대체 어떻게 된 일일까요?

사실 이전에도 인현왕후는 숙종이 쫓겨난 궁녀 장희빈을 여전히 그리워하는 걸 눈치채고 명성왕후에게 다시 장희빈을 부르자고 말한 적이 있었습니다. 하지만 명성왕후는 단칼에 안 된다고 못박았지요. 명성왕후란 장벽이 있는 한 장희빈의 복귀는 불가능한 일이었습니다. 그런데 명성왕후가 병을 얻어 숨을 거두게 되자 명성왕후의 삼년상을 치른 뒤 인현왕후는 숙종에게 말했어요.

"장씨를 들이시지요."

당연히 숙종은 인현왕후의 제안을 반겼고 그렇게 장희빈은 궁으로 돌아오게 되었습니다. 지금 생각하면 왜 인현왕후가 승은 궁녀 장희빈을 불렀는지 이해하기 어려운데요. 그 이면에는 숙종의 끈질긴 부탁이 있지 않았을까 추측합니다. 그에 더해 중전으로서의 책무를 생각한 면도 있겠지요.

> "임금의 은총을 입은 궁인이 오랫동안 민간에 머물러 있는 것은 사
> 체事體가 지극히 미안하니 다시 불러들이는 것이 마땅할 듯합니다."
>
> 《숙종실록》 17권, 숙종 12년(1686) 12월 10일

왕실의 체면을 지키려 한 것을 보아 왕비의 덕목에 충실한 인물이었다고 평가되는 인현왕후의 성품을 보여주는 사례이기도 합니

다. 인현왕후 덕분에 궁녀 장희빈은 쫓겨난 지 5년여 만에 궁궐로 돌아올 수 있었어요. 5년 만에 다시 만난 숙종과 장희빈의 사랑은 더욱 불타올랐습니다. 반면 인현왕후와 숙종은 서서히 멀어졌어요. 숙종이 중궁전에 발길을 끊어버릴 정도였지요. 아내인 인현왕후 덕에 장희빈을 다시 만났는데, 되려 숙종은 인현왕후를 멀리하고 오직 궁녀 장희빈만 찾았던 것입니다.

그러던 어느 날, 조선 조정이 발칵 뒤집히는 일까지 벌어집니다. 궁궐 어딘가로 은밀하게 목재가 옮겨지고 있다는 소문이 돌기 시작했어요. 그 목재가 쓰인 곳은 바로 장희빈만을 위한 새 건물이었습니다. 숙종이 장희빈에게 별당을 지어 주기 위해서 몰래 목재를 들이고 있었던 것이지요. 목재는 이른 아침과 늦은 밤에만 궁으로 옮겨졌는데, 숙종도 백성들의 눈치가 보이긴 했나 봅니다.

당시 가뭄, 장마, 홍수, 지진까지 일어나면서 백성들은 숙종이 여자에 빠져서 재난이 닥친다며 원망하고 있었습니다. 숙종과 장희빈의 일이 이미 궁궐 밖까지 파다하게 소문난 것이었지요. 그런 상황에서 숙종이 궁녀에게 별당을 지어 주려고 귀한 목재를 쓴다는 사실을 백성들이 알게 되면 왕에 대한 신뢰가 땅에 떨어질 게 뻔했습니다.

신하들은 멈추어 달라고 간청했지만 숙종은 "그건 사실이 아니다"라며 발뺌했어요. 그뿐 아니라 신하들이 장희빈을 문제 삼을 때마다 모르겠다고 하거나 오히려 화를 내거나 벌을 주기까지 했습니다. 그러는 사이 별당이 완성되었고 이 별당은 계획대로 장희빈의 것이 되었지요.

왕이 궁녀에게 별당을 지어 주는 일은 이례적인 일이었습니다. 그 사실을 숨기려고 변명하던 숙종의 태도가 당당한 일이 아니었다는 걸 증명하는데요. 작은 민가를 하나 짓는 것도 아니고 궁궐에 건물을 짓는 일이었으니 경제적 부담도 상당했습니다. 당시 여러 재해로 백성들의 피해가 심각했기에 숙종도 부끄러웠겠지만, 눈치를 보면서도 멈추지 않았던 것입니다. 한번 빠지면 물불 가리지 않은 숙종의 성격을 보여 주는 일화기도 합니다.

장희빈을 향한 숙종의 사랑은 이렇게 유별났습니다. 신하들이 장희빈을 멀리하시라, 상소도 올렸지만 소용이 없었지요. 이야기의 처음에 등장한 상소들은 바로 이 시기에 올라온 것들입니다. 신하들의 걱정은 계속됐으나 이후에도 숙종은 장희빈을 향한 애정을 멈추지 않았습니다.

인현왕후는 왜
장희빈에게 회초리를 들었나

장희빈을 향한 숙종의 넘치는 총애가 계속되는 가운데 궁에서 놀라운 일이 벌어집니다. 장희빈이 누군가에게 회초리를 맞은 것입니다. 숙종이 별당을 지어 줄 정도로 총애한 장희빈에게 감히 누가 회초리를 들 수 있었을까요?

> "내전(인현왕후)이 명하여 종아리를 때리게 하였다."
>
> 《숙종실록》 17권, 숙종 12년(1686) 12월 10일

그 인물은 인현왕후였습니다. 장희빈의 버르장머리를 고치겠다고 나선 거였지요. 대체 장희빈이 무슨 행동을 했기에 그녀를 직접 궁으로 들인 인현왕후가 매를 들 정도로 화가 났을까요?

당시 지위로 따지면 장희빈은 궁궐의 여인 중 가장 높은 지위에 있는 인현왕후를 함부로 쳐다볼 수조차 없었습니다. 그런데 어느 날, 인현왕후가 장희빈을 불렀는데 장희빈은 그 말을 무시하고 가지 않았어요. 숙종의 총애를 믿고 왕비를 무시한 것입니다.

> "내전이 시키는 모든 일에 대해 교만한 태도를 지으며 공손하지 않았으며 심지어는 불러도 순응하지 않는 일까지 있었다."
>
> 《숙종실록》 17권, 숙종 12년(1686) 12월 10일

장희빈은 인현왕후가 뭘 물어도 공손히 답하지 않았고, 중궁전에 불쑥 찾아와서 속을 뒤집어 놓고 가기도 했어요. 그걸 참다못한 인현왕후가 회초리를 든 것입니다. 인현왕후로부터 회초리를 맞

은 장희빈은 과연 반성하는 기미를 보였을까요? 장희빈은 반성하지 않았고 오히려 인현왕후에게 원한과 독기를 품고 반기를 들었습니다.

장희빈과 인현왕후의 갈등이 점점 깊어지는 가운데 더 놀라운 어명이 내려왔습니다.

> "얼마 있지 않아서 마침내 장씨를 책봉하여 숙원淑媛으로 삼았다."
>
> 《숙종실록》 17권, 숙종 12년(1686) 12월 10일

장희빈이 종4품 '숙원'이라는 품계와 직책을 받게 된 것입니다. 숙원은 지금으로 치면 3급 공무원 정도로 숙원이 되면 그에 걸맞은 재산과 대우를 받고 집안의 위상까지 달라졌습니다. 숙원부터는 왕의 정식 후궁으로 인정받는 것이었기에 이로써 장희빈은 승은 궁녀에서 정식 후궁으로 올라서게 되었고 노비 100명이라는 어마어마한 재산도 받았어요. 여기서 잠깐, 후궁과 궁녀의 차이는 무엇일까요? 궁녀는 궁에서 일하는 모든 여성을 가리키고, 후궁은 왕실에서 인정한 왕의 첩을 가리킵니다.

장희빈의 승승장구는 여기서 멈추지 않았습니다. 몇 달 뒤 후궁 장희빈은 종2품 숙의를 거쳐 정2품 소의까지 품계가 계속 올랐습니다. 3급 공무원에서 차관급으로 껑충 뛰어오른 것이나 마찬가지였어요. 조선 역사에서 보기 드문 초특급 승진이었지요. 품계가 오

르면서 자동적으로 궁궐 내에서 지위도 올라갔습니다. 이는 숙종이 누구보다 장희빈을 각별히 아끼고 사랑했기에 일어난 이례적인 일이었습니다.

왕의 첫아들을 낳고 하늘로 치솟은 위세

정2품 후궁이 되며 점차 입지를 굳혀가던 장희빈에게 마침내 정실부인 인현왕후를 넘어설 기회가 찾아옵니다.

1688년 10월, 우렁찬 아기 울음소리가 궁궐을 가득 메웠습니다.

"왕자 아기씨입니다!"

숙종이 무려 즉위 15년 만에 첫아들을 얻게 된 것입니다. 귀하디귀한 왕자를 낳은 이는 누구였을까요? 그 인물은 바로 장희빈이었습니다. 숙종은 그동안 왕비에게서 후사를 보지 못해 걱정이었는데 장희빈이 그 문제까지 해결해 준 것입니다. 숙종이 가장 사랑하는 장희빈과의 사이에서 태어난 아들이라니! 숙종에게는 그 무엇과도 바꿀 수 없는 기쁨이었지요. 아들을 낳은 장희빈은 마치 하늘을 나는 기분이지 않았을까요?

그런데 숙종과 장희빈의 행복에 찬물을 끼얹는 일이 일어납니다. 장희빈이 출산한 뒤 어머니 윤씨가 딸의 산후조리를 도우려 입궁을 했는데 덮개 있는 가마인 옥교屋轎를 타고 온 것이었습니다. 당시 옥교는 사대부 집 부녀자들도 함부로 타지 못했고 양반 중에서도 일부만 탈 수 있었습니다. 그런데 중인 가문인 윤씨가 이것을 타고 온 것이지요. 신하들은 이는 조선의 법도를 어긴 일이라며 크게 분노했습니다. 그래서 아랫사람을 시켜서 장희빈 어머니의 옥교를 들고 온 하인을 잡아 와서 벌을 주고 급기야 옥교를 빼앗아 불태우기까지 했습니다.

지금 생각하면 그렇게까지 해야 하나 싶은데요. 당시 덮개가 있는 가마는 정3품 이상 관리의 어머니와 아내, 딸, 며느리 외에는 탈 수 없었습니다. 이를 어길 시 곤장 80대를 맞았다고 합니다. 장희빈의 어머니가 옥교를 탔다는 것은 장희빈과 그 가족도 장희빈이 아들을 낳음으로써 엄청나게 높아진 자신들의 위상과 위세를 알고, 그것을 거리낌 없이 행사했다고 볼 수 있어요. 조정을 장악하고 있던 서인들은 남인과 가까운 장희빈 가족이 위세를 떨치는 것을 걸고넘어지면서 경계한 것이지요.

당연히 이 일은 숙종의 귀에 들어갔습니다.

"나의 명으로 왕자의 외가에서 입궁했는데 모욕을 주다니!"

숙종은 불같이 화내며 이 일에 연관된 신하 두 명을 잡아다가 엄벌을 주었습니다. 어찌나 가혹한 엄벌이었는지 잡혀 온 두 명 모두 죽음을 맞았지요. 신하들이 장희빈의 위세를 누르기 위해 벌였던 일이 오히려 장희빈의 입지를 더 단단하게 만들어 준 것입니다. 숙종의 절대적 총애를 얻고 왕의 유일한 아들까지 낳은 장희빈! 이제 궁에서 장희빈을 건드릴 수 있는 이는 아무도 없는 듯했습니다.

장희빈이 아들을 낳고 몇 개월 후, 궁에서 숙종과 신하들이 대립하며 큰 소란이 일어납니다.

"아니 되옵니다, 전하!"

"감히 이의가 있다면 벼슬을 내놓고 물러가라!"

대체 무슨 상황이 벌어진 걸까요? 숙종이 태어난 지 100일도 안 된 장희빈의 아들을 원자로 삼겠다고 선언한 것입니다. 원자는 왕세자로 책봉되기 전인 왕의 맏아들을 뜻하는 말로, 장희빈의 아들을 자신의 맏아들, 즉 후계자로 인정하겠다는 뜻이었어요. 이 말에 신하들은 펄쩍 뛰며 반대한 것이었지요.

"중전께서 지금 춘추가 한창인데 너무 급합니다."

이때 인현왕후는 스물세 살, 숙종은 스물여덟 살이었으니 나중에 중전인 인현왕후가 왕자를 낳을 수 있으므로 기다려 보자는 거였어요. 앞선 광해군의 이야기에서 살펴본 것처럼 '원자'는 원칙상 '중전이 낳은 적장자'가 될 수 있었습니다. 그런데 인현왕후가 낳은 아이가 아니라 후궁, 그것도 중인 출신 장희빈의 소생인 왕자가 다음 왕위를 이어받는 원자가 된다니요? 아무리 숙종의 의지가 강력해도 신하들은 쉽게 받아들일 수 없었습니다.

조정의 판을 바꾼
숙종의 원자 책봉

숙종이 어떤 사람이었지요? 친어머니가 걱정했을 만큼 감정적인 사람이었습니다. 숙종은 '감히 나를 반대하다니!' 분노하며 장희빈의 아들을 원자로 삼겠다고 종묘사직에 고했습니다. 이는 장희빈의 아들이 나라를 이어받을 거란 걸 역대 왕들에게 알렸다는 것을 의미해요. 그 후 다음 왕위를 물려받을 원자의 친모 장희빈을 위한 선물을 준비했습니다. 장희빈의 품계를 또 올려 준 것인데요. 장희빈을 후궁 중 최고 지위에 해당하는 정1품 '빈'으로 임명했습니다. 비로소 희빈 장씨, 장희빈이 탄생한 순간이었습니다.

이제 장희빈보다 높은 자리에는 인현왕후밖에 없었습니다. 이때 장희빈은 어떤 욕망을 품었을까요? 비록 중인 출신이지만, 숙종의 유일한 아들을 낳은 자신이 중전에 오를 수도 있다는 희망이 피어오르지 않았을까요? 이제껏 궁녀 출신이 중전이 되는 일은 없었으나 장희빈은 숙종의 총애 아래 뭐든지 이루고 있었기에 중전이 되는 것도 불가능한 일은 아니라고 생각했을지 모릅니다.

그렇게 숙종과 신하들의 갈등도 일단락된 것처럼 보였지만 보름 후, 엄청난 상소가 하나 올라옵니다. 이 상소 하나로 숙종은 물론 조정이 발칵 뒤집히게 되는데요. 상소에는 '숙종이 원자를 정한 것은 성급합니다'라는 비판이 적혀 있었습니다. 대체 누가 왕에게 이런 말을 할 수 있었을까요?

바로 조선 후기 정치계의 거물, 송시열이었습니다. 송시열은 왕을 네 명이나 모신 원로대신으로 공자, 주자와 버금간다 하여 송자라고도 불린, 실록에 약 3,000번 등장하는 거물급 정치인입니다. 이 당시에는 나이가 들어 현직에서는 물러나 있었으나 그동안 쌓은 명성과 학식 때문에 왕인 숙종도 함부로 대하기 어려운 사람이었지요.

그런 송시열이 상소를 올린 이유가 있었습니다. 지금 조정의 권력을 잡고 있는 세력은 서인이었고 원로대신 송시열은 서인 세력의 우두머리였습니다. 서인 입장에서 남인 세력을 등에 업은 장희빈의 아들이 왕이 된다면 남인이 득세할 미래가 불 보듯 뻔했지요. 그래서 현직에서 물러난 송시열마저 상소를 올리면서 반대했던 것입니다.

숙종은 어떤 반응을 보였을까요? 부담스러울 수밖에 없는 송시열의 상소였지만 그는 이번에도 거침이 없었습니다.

"송시열을 삭탈관직하고 문외출송하라!"

송시열의 관직을 빼앗고 한양 성문 밖으로 추방하라고 명령했습니다. 이

송시열 초상 국립중앙박물관 제공

어명은 곧 일어날 무시무시한 사건의 신호탄! '환국換局'의 조짐이기도 했어요. 환국은 '바꿀 환換', '판 국局'을 써서 말 그대로 판을 바꾼다는 의미로 씁니다. 지금까지 우세했던 정치 세력을 다른 세력으로 바꿔 버린다는 것이었지요.

숙종은 송시열의 파직을 시작으로 자기 뜻에 반대하는 서인 세력을 물갈이하기 시작합니다. 전현직 관료로 있는 서인들을 파직시키거나 유배 보내고 서인이 물러난 자리는 남인들로 채운 것입니다. 장희빈의 아들을 원자로 세우는 문제를 빌미로 숙종은 서인 중심이던 조정의 대신들을 완전히 장희빈 중심의 남인들로 바꿔버립니다. 이 일을 기사년에 일어난 환국이라 '기사환국己巳換局'이라고 합니다. 숙종에 이어 남인파의 힘까지 얻은 장희빈은 기세등등할 수밖에 없었을 테지요.

인현왕후 폐비 후
입지를 굳힌 조선판 신데렐라

장희빈의 아들을 원자로 세우고 남인 세력까지 불러들인 숙종은 곧이어 대신들을 모아놓고 폭탄 발언을 던집니다.

"실로 종묘사직에 죄를 짓는 사람이다. 하루인들 이런 사람이 한 나라의 국모로 군림할 수 있겠는가?"

《숙종실록》 20권, 숙종 15년(1689) 4월 23일

이게 무슨 뜻일까요? 느닷없이 아내 인현왕후가 죄를 지었으니 국모 자격이 없어 쫓아내야겠다고 선언한 것입니다. 당연히 신하들이 크게 반대했으나 숙종은 단호했습니다. 인현왕후를 어떻게든 쫓아내고 싶었던 숙종은 온 힘을 다해 대신들을 납득시킬 명분을 만들어내기까지 했어요. 무려 3년 전에 인현왕후가 말했던 꿈이야기를 들고나왔지요.

> "꿈에 선왕과 선후를 만났는데 내전(인현왕후)과 다른 후궁은 선조宣祖 때처럼 복되고 영화로움이 두텁고 자손이 많을 것이다. 그러나 숙원(장희빈)은 아들이 없을 뿐만 아니라 복도 없으니 국가에 이롭지 못할 것이다."

《숙종실록》 20권, 숙종 15년(1689) 4월 21일

내용을 풀어보면 인현왕후가 꿈을 꿨는데, 선대왕과 명성왕후가 나타나 인현왕후와 다른 후궁은 복이 많고 자식이 많을 것인데 장희빈은 아들도, 복도 없어서 나라에 좋은 사람이 아니라고 했다는 것입니다. 그런데 인현왕후가 꿈 이야기를 한 후에 장희빈이 아들을 낳았으니 꿈 내용은 맞지 않고 인현왕후의 꿈은 투기, 즉 질

투의 증거라고 숙종은 주장했지요.

사실 당시 인현왕후가 투기했다는 기록은 남아 있지 않습니다. 숙종이 말한 이 3년 전 꿈 이야기가 유일하지요. 3년 전 꿈이라니, 너무 억지스러운 이유였지만 숙종은 이 주장을 내세우면서 장희빈을 중전으로 올리기 위해 고군분투했습니다.

신하들은 꿈이 사실이라 하더라도 아내를 잘 다스리는 것이 지아비의 도리이며 10년 동안 인현왕후에게서 부덕한 부분을 보지 못했다고 이야기했어요. 서인과 남인 가릴 것 없이 모두 인현왕후 폐비만은 안 된다며 극구 반대했으나 숙종은 결국 인현왕후를 폐비시켜버리고 며칠 후 장희빈을 중전으로 올리겠다고 선언합니다.

사씨남정기 현명한 사씨 부인(사정옥)이 첩의 간교로 시가에서 쫓겨난 일을 다룬 조선 후기 문신 김만중이 쓴 한글 소설이다. 숙종이 인현왕후를 폐위시키고 희빈 장씨를 중전으로 책봉한 사건과 유사한 이야기가 담겨 있어, 숙종이 잘못을 깨닫도록 쓴 소설이 아닌가 추측하는 이들이 많다. 국립중앙박물관 제공.

1689년 5월 2일, 결국 인현왕후는 폐비가 되어 궁궐 밖으로 쫓겨납니다. 조선 전체의 축하를 받으면서 국모가 됐던 인현왕후는 단 8년 만에 흰색 가마에 초라하게 몸을 싣고 궁을 떠나게 됩니다.

인현왕후가 중전의 자리에서 쫓겨나고 4일 뒤 새로운 조선의 왕비가 책봉됩니다. 아니나 다를까 그 주인공은 장희빈이었어요. 궁녀 출신의 후궁이 왕비가 되어 조선 여성이 오를 수 있는 최고의 지위에 오르게 된 것입니다. 아무리 총애받는 후궁이라고 해도 중전을 내치면서까지 그 자리에 오른 인물은 조선 역사상 존재하지 않았지요. 그야말로 인생 역전이자 조선판 신데렐라의 탄생이었습니다.

이듬해에는 원자였던 장희빈의 아들이 세자로 책봉됩니다. 아마 이때 장희빈은 조선에서 가장 행복한 여인이었을 것입니다. 오직 숙종의 사랑 하나로 신분의 한계를 깨고 중전의 자리까지 올랐고 숙종의 사랑도, 세자도, 중전이라는 자리도 모두 장희빈의 것이었으니까요.

새로운 연적을 만나
벼랑 끝에 서다

하지만 장희빈을 향한 숙종의 사랑은 영원히 지속되지 않았습니다. 장희빈이 있는 중궁전을 찾는 숙종의 발길이 점차 뜸해지기 시작했지요. 장희빈을 찾지 않은 숙종은 무엇을 하고 있었을까요? 장희빈은 차마 믿고 싶지 않은 충격적인 소식을 듣게 됩니다. 숙종이 인현왕후를 모셨던 젊은 궁녀에게 푹 빠졌다는 것입니다.

이게 끝이 아니었습니다. 장희빈의 가슴이 또 철렁 내려앉는 소식이 들렸지요. 숙종이 총애하는 그 궁녀가 후궁으로 올라서고 임신까지 했다는 것입니다. 이 소식을 들은 장희빈은 어떻게 했을까요? 그 후궁을 불러서 마구 때리고 항아리를 거꾸로 뒤집어 세운 뒤 그 안에 가두기까지 했어요.

장희빈이 후궁을 때린 내용은 실록에 적힌 내용은 아니고 조선 후기 문신 이문정이 쓴《수문록》이라는 책에 적힌 야사에서 발견할 수 있습니다. 야사이긴 하지만, 당시 장희빈이 그 후궁을 얼마나 경계했는지 알 수 있습니다. 이 사실을 알게 된 숙종은 장희빈에게 크게 화를 냈어요. 장희빈의 훼방에도 불구하고 이 후궁은 무사히 출산을 했습니다. 게다가 아들을 낳았지요. 후궁의 정체는 숙빈 최씨로 그녀가 낳은 아들이 훗날 제21대 왕 영조가 되는 연잉군입니다.

수문록 조선 후기 문신 이문정이 쓴 역사서로 3권으로 이루어져 있다. 이 중 제1책과 제2책에 장희빈 사건에 관한 기록이 있다. 한국민족문화대백과사전 제공.

바로 이때! 장희빈을 불안에 떨게 한 사건이 발생합니다. 조선 조정에 또 한 번의 환국이 일어난 것입니다. 환국의 시작은 서인과 남인 양측에서 들어온 고발이었습니다. 각각 상대 세력이 역모를 꾸민다고 고발한 것인데요. 과연 숙종은 누구 편을 들었을까요? 기사환국으로 서인을 멀리하고 남인을 등용했으니 이번에도 남인의 편을 들었을까요? 예상 외로 이번에는 서인 편을 들었습니다. 남인이 역모를 꾸미고 있다는 서인의 고발을 들어주고 영의정, 좌의정 등 주요 자리를 서인으로 바꿔 버렸어요. 이 일이 바로 기사환국 이후 5년 만에 또다시 일어나고 만 환국, '갑술환국甲戌換局'입니다.

이로써 다시 서인들이 조정의 권력을 잡습니다. 숙종이 장희빈 편인 남인을 버리고 조정을 물갈이했다는 건 무엇을 의미할까요? 숙종의 마음이 장희빈을 떠났다고 볼 수 있습니다. 장희빈은 굳건할 것만 같았던 숙종의 사랑이 흔들리는 모습을 지켜봐야 했지요.

도대체 왜 숙종은 이렇게 마음을 바꾸었을까요? 숙종의 마음도 달라졌지만 정치적인 이유도 있었으리라 판단합니다. 이 시기에는 후궁을 향한 장희빈의 질투와 모략이 잦아지는 상황에서 장희빈의 오빠인 장희재의 부정부패 문제도 일어납니다. 게다가 남인들이 능력을 보여 주지 못하는 것에 실망해 불만이 커지면서 다시 서인을 신임하게 된 것입니다. 이렇듯 숙종은 재위 기간에 환국을 일으켜 정치적 상황을 전환했습니다. 당파를 교체하고, 주요 인물들을 처형하기도 했지요. 그래서 숙종의 정치를 환국정치라 합니다.

그 와중에 장희빈에게 또다시 청천벽력 같은 소식이 들려옵니다. 폐비가 되었던 인현왕후가 다시 궁으로 돌아온다는 것입니다. 이게 어떻게 된 일일까요? 놀랍게도 숙종이 다시 인현왕후를 중전으로 복위시키겠다고 선언한 것이었어요. 장희빈에게 마음이 떠나니 인현왕후를 폐비시킨 걸 후회하는 마음이 커지다가 결국 환국을 틈타 인현왕후를 복위시키겠다고 명한 것입니다.

이 소식을 들은 신하들은 반응은 어땠을까요? 신하들은 숙종의 뜻에 따라 인현왕후의 복위를 찬성할 수만은 없었습니다. 중전의 자리는 하나인데 인현왕후가 다시 중전이 되면 지금 중전의 자리에 있는 장희빈은 쫓겨나게 됩니다. 그런데 장희빈은 바로 다음 왕이 될 세자의 어머니였지요. 과거에 세자의 생모를 폐비시켰다가 조선에 피바람이 불었던 연산군의 일을 떠올리지 않을 수 없었던 거예요.

복위한 인현왕후의 죽음!
그리고 저주 사건

숙종은 고집대로 이번에는 인현왕후의 복위를 밀어붙였습니다. 그렇게 5년 만에 돌아온 인현왕후를 맞이하기 위해 숙종이 마중을 나왔고 장희빈의 아들인 세자도 인사를 왔습니다. 이렇게 인현왕후는 폐비가 되던 날과 달리 극진한 대접을 받으며 다시 궁에 들어섰습니다.

폐비 인현왕후를 복위시킨 숙종을 보는 장희빈의 마음은 어땠을까요? 하루아침에 자신의 모든 게 무너지지 않을까 두려웠을 것입니다. 그런데 불안한 장희빈의 마음을 갈가리 찢어 놓는 명이 떨어졌습니다.

"한 나라에 중전이 둘일 수 없으니 중전 장씨의 옥보를 부수고, 타고 다니던 가마를 불태워라!"

옥보 옥으로 만든 어보라 하여 옥보라 부른다. 왕과 왕비, 세자, 세자빈까지 왕실의 정통성을 잇는 왕실 사람 단 네 명만이 가질 수 있는 귀한 물건이었다. 사진은 '숙종계비 인현왕후 추상존호 옥보'이다. 국립고궁박물관 제공.

숙종이 왕비의 상징인 옥보를 부수라고 명하고 장희빈을 중전에서 희빈, 즉 후궁으로 강등시키라고 명한 것입니다. 장희빈은 숙종의 유일한 정실부인인 중전에서 다시 수많은 후궁 중 한 명이 되고 말았습니다. 조선판 신데렐라 장희빈이 이어간 5년간의 중전 생활은 그렇게 처참하게 끝나고 말았습니다. 중전이 후궁으로 강등된 것 역시 조선 역사상 최초로 있는 일이었습니다. 조선 역대 왕비 중 열한 명이 폐위되었는데 일곱 명은 다시 돌아왔고 네 명은 폐비로 생을 마감했습니다.

이때의 숙종이라면 장희빈을 폐비시키고도 남았을 듯한데 왜 후궁으로 강등하기만 한 걸까요? 세자가 있었기 때문입니다. 다음 국왕의 친모에게 극단적인 처분을 내릴 수는 없었던 것이지요.

중전의 자리에서 끌어내려진 장희빈의 처소에서는 악에 받친 고함이 끊이질 않았습니다.

"내가 무슨 죄가 있어 중전 자리에서 내려가야 합니까!"

장희빈은 바락바락 악을 쓰며 앞에 차려진 밥상을 발로 뻥 차버리기까지 했어요. 숙종이 도저히 감당할 수 없을 정도의 패악이었지요. 장희빈의 이런 태도는《인현왕후전》에 기록돼 있습니다. 모든 걸 다 잃은 장희빈이었지만 그런 그녀에게는 세자인 아들이 있었습니다. '세자의 친어머니인 나를 쫓아낼 순 없을 것'이라고 생각했기에 이렇게 왕 앞에서도 거침없이 분노를 표현하지 않았을까요?

고양 서오릉 명릉 숙종과 인현왕후의 능이 쌍릉으로 조영되어 있다. 문화재청 제공.

이제 숙종에게 장희빈은 완전히 뒷전이었습니다. 그렇다면 다시 복위된 인현왕후는 숙종과 잘살았을까요? 안타깝게도 인현왕후는 행복을 오래 누리지 못했습니다. 돌아와서도 계속 병을 앓았고 복위한 지 7년 만에 후사도 없이 서른다섯의 나이로 세상을 떠나고 말았거든요. 당시 숙종은 인현왕후의 죽음에 대성통곡하며 비통해했다고 전해집니다.

그런데 인현왕후가 죽고 한 달 후, 누군가가 슬픔에 잠긴 숙종에게 충격적인 밀고를 했습니다.

장희빈이 자신이 지내던 취선당 서쪽에 신당을 꾸며 인현왕후를 저주했다는 밀고였는데요. 이를 숙종에게 전한 사람은 숙종의 총애를 받아 연잉군을 낳았던 그 후궁! 숙빈 최씨였습니다. 이 말을 듣고 분노한 숙종은 곧바로 장희빈의 처소로 찾아갔어요. 그러고는 유독 눈에 띈 병풍 하나를 가리키며 외쳤지요.

"이 병풍을 치워 보아라!"

궁녀들이 벌벌 떨며 병풍을 치웠고 드러난 병풍 뒤를 본 숙종은 경악을 금치 못했습니다. 병풍 뒤쪽 벽에는 구멍이 숭숭 뚫린 한 여인의 초상화가 걸려 있었어요. 수많은 화살을 맞아 엉망진창이 된 초상화의 주인공은 한 달 전에 죽은 중전 인현왕후였지요. 이 일이 바로 실록에도 기록된, 궁궐을 발칵 뒤집어 놓은 '인현왕후 저주 사건'입니다.

> "취선당의 서쪽에다 몰래 신당을 설치하고, 매 때마다 2, 3인의 비복婢僕들과 더불어 사람들을 물리치고 기도하되, 지극히 빈틈없이 일을 꾸몄다."
>
> 《숙종실록》 35권, 숙종 27년(1701) 9월 23일

화가 난 숙종은 이 사건에 관련된 인물들을 모조리 잡아들여 직접 국문까지 하며 혹독하게 취조했어요. 피 튀기는 고문이 동반된 국문이 며칠 동안 이어졌지요. 결국 연루된 인물 중 한 명이 "인현왕후를 저주한 게 사실입니다"라며 실토하고 맙니다.

파란만장 장희빈,
결국 사사되다

국문의 결과를 들은 숙종은 인현왕후가 장희빈의 저주 때문에 죽었다고 생각하고 분노에 휩싸여 무시무시한 명을 내렸어요.

"장씨를 자진하게 하라!"

장희빈에게 스스로 죽으라고 한 것이지요. 중전을 저주한 장희빈을 살려둘 수 없다고 생각한 것입니다. 숙종의 명에 대신들은 또다시 크게 반발했어요. 비록 강등되긴 했으나 장희빈은 여전히 세자의 친어머니였기에 세자의 어머니를 자진하게 할 수는 없다면서요. 숙종이 그 말을 들었을까요? 숙종은 장희빈이 죽는 게 오히려 세자를 위한 일이라며 명령을 거두지 않았습니다. 숙종은 명을 내린 지 이틀 후에 장희빈의 죽음을 세상에 공표합니다. 이때 장희빈의 나이 마흔세 살이었습니다. 한때는 모든 걸 가졌던 장희빈은 모든 걸 잃은 채 비참한 최후를 맞았습니다.

왜 숙종은 장희빈을 죽이기까지 했을까요? 신하들이 반대한 가장 큰 원인이 세자였듯 숙종이 장희빈을 죽인 가장 큰 원인 또한 세자였습니다. 정치적 야심을 지닌 장희빈은 남인과 깊이 연관되어 있었고 모략에도 능숙했기에 자신이 죽고 세자가 즉위했을 때도 살아 있다면 세자에게 영향력을 행사해 국정을 좌우할 수도 있다고 판단한 것이지요.

고양 서오릉 대빈묘 장희빈의 대빈묘는 서오릉의 가장 후미진 곳에 작은 규모로 조성됐다. 왕을 낳은 생모의 경우 후궁의 무덤에 붙이는 '묘墓'를 '원園'으로 격상시키는 것이 일반적이나 장희빈의 무덤은 원이 아닌 묘로 칭해진다. 문화재청 제공.

장희빈에게 영광과 비극을 모두 안긴 왕 숙종은 장희빈이 죽기 직전에 이런 명령도 내렸습니다.

"이제부터 나라의 법전을 명백하게 정하여 빈어嬪御가 후비后妃의 자리에 오를 수가 없게 하라."

《숙종실록》 35권, 숙종 27년(1701) 10월 7일

빈어는 임금의 첩, 후궁을 의미하는데요. 법으로 후궁의 왕비 등극을 금지한 것이었습니다. 요즘으로 치면 장희빈 특별법으로 볼

수 있겠지요. 숙종의 명 이후 다시는 그 어떤 후궁도 왕비의 자리에 오르지 못했습니다. 그래서 장희빈은 조선 역사상 궁녀에서 왕비가 된 유일한 여성으로 남게 되었습니다.

숙종이 죽은 후 장희빈의 아들이 왕위를 이어받습니다. 조선의 제20대 왕 경종으로, 왕이 된 경종은 세상을 떠난 장희빈을 다시 중전으로 복위시키려 했지만 신하들의 반대에 부딪혀 뜻을 이루지 못했습니다. 그러다가 후사도 없이 4년 만에 세상을 떠나고 말았습니다.

경종 이후 왕위는 누가 이어받았을까요? 배다른 동생, 바로 숙빈 최씨의 아들인 연잉군이 이어받아 영조가 됩니다. 장희빈과 대립했던 숙빈 최씨의 아들이 왕이 됐으니 장희빈의 명예 회복은 영영 불가능한 일이 되었습니다.

장희빈은 조선 여성 중 손꼽히게 파란만장한 삶을 산 인물입니다. 그런데 조선의 신데렐라보다 희대의 악녀로 더 선명하게 기억되는 이유는 무엇일까요? 역사는 늘 우리에게 말합니다. 권력은 절대 무한하지 않으므로 권력을 가진 자는 늘 겸손하게 자신을 낮추고 또 낮추어야 한다고 말입니다.

7장

벌거벗은 실학자

윤석호(부산대학교 사학과 조교수)

정약용은 어떻게
정조의 이상을 현실로 만들었나

　서울의 중심에 자리 잡은 유네스코 세계문화유산 창덕궁에는 아주 특별한 공간이 있습니다. 조선 제22대 왕 정조가 만든 '규장각'인데요. 오늘날에는 많은 이들이 찾는 야경 명소이기도 합니다. 정조는 이곳에서 젊은 인재들과 함께 백성 모두가 잘사는 조선, 이른바 조선의 르네상스를 열고자 했지요. 말하자면 규장각은 정조가 꿈꾼 조선을 함께 만들 엘리트들의 집합소였던 것입니다.

　그런데 규장각의 엘리트 중에서도 정조가 아주 특별하게 총애했던 인물이 있어요. 그 주인공은 조선 시대 대표 실학자 다산 정약용입니다. 한 사건으로 성균관 유생들로부터 정약용을 벌하라는 요청이 빗발칠 때도 정조는 묵인하며 정약용을 보호했지요. 대체 어떤 인물이기에 조선의 왕이 이렇게까지 아끼고 믿어 주었던 걸까요? 정조의 이상을 실현하기 위해 누구보다 애쓴 실학자 정약용! 그의 노력이 피고 지기까지의 파란만장한 인생을 낱낱이 벗겨 보겠습니다.

귀향한 아버지와 아들 귀농이

숙빈 최씨의 아들이자 제21대 왕 영조가 조선을 다스리던 1762년 6월 16일, 현재 경기도 남양주에 있는 마재마을에서 우렁찬 사내아이의 울음소리가 울려 퍼집니다. 마을에서 다복하기로 소문난 정재원이라는 선비의 집에서 아이가 태어난 것이었어요. 이 아이가 바로 이번 이야기의 주인공 정약용입니다.

이미 3남 2녀의 아버지였던 정재원은 새로 태어난 아들을 품에 안고 그가 건강하게 자라길 바라며 미리 생각해 놓은 이름을 붙여 주었습니다. 혹시 그 이름이 '정약용'일 거라고 예상했나요? 정재원이 붙인 아이의 이름은 정약용이 아니라 '정귀농歸農'이었어요. 귀농은 우리가 알고 있듯이 '다른 하던 일을 그만두고 농사를 짓기 위해 돌아온다'는 뜻이지요.

귀농은 정약용의 어릴 때 이름, 즉 '아명兒名'이었어요. 조선 시대에는 어릴 때 아픈 경우가 많아 건강하게 크라는 뜻에서 개똥이, 소똥이처럼 막 지은 아명으로 아이를 부르곤 했습니다. 그러다가 결혼할 때쯤 돼서 호적에 올릴 '관명冠名'을 지어 줬습니다. 귀농은 아명이었고 약용은 커서 붙여진 관명입니다. 그런데 귀농이라는 이름은 막 지은 게 아니었습니다. 그 이름에는 정약용 집안의 아주 특별한 사연이 담겨 있었지요.

정약용이 태어나기 약 한 달 전, 조선이 발칵 뒤집히는 사건이 벌어집니다. 왕의 편전인 문정전 앞에 커다란 뒤주 하나가 놓였고 그 안에는 영조의 명으로 한 인물이 갇혀 있었어요. 영조의 아들 사도세자였습니다. 세자의 품위에 맞지 않는 비행을 저지르던 사도세자는 결국 폐세자가 되었고, 뒤주에 갇혀 8일 만에 숨을 거두고 말았지요. 이 사건을 임오년에 일어난 정치적 변고, '임오화변壬午禍變'이라고 부릅니다.

비극이 펼쳐지고 있던 그때 한 인물이 급히 마재마을로 떠납니다. 그는 나주 정씨 가문의 정재원으로 정약용의 아버지였지요. 정재원은 한양에서 남부럽지 않은 삶을 살고 있었어요. 진사시에 합격해 성균관에 다니고 있었고 집안에 높은 관직을 지낸 선조들이 많아서 조정에 이름이 알려져 있기도 했습니다. 나주 정씨 가문은 조선에서 이름만 대면 알 만한 학문 명가였거든요. 얼마나 유명했는지 '9대 옥당九代玉堂'이라는 가문의 별칭도 있었습니다.

9대 옥당이 무슨 뜻일까요? 옥당은 '홍문관'의 별칭으로 홍문관은 왕실의 책과 문서를 관리하고 왕에게 자문하는 핵심 관청이었어요. 그래서 홍문관 관리는 곧 조선의 손꼽히는 인재로 인정받았습니다. 9대 옥당은 '홍문관 관리를 아홉 대 내리 배출한 가문'을 의미해요. 홍문관 관리를 아홉 번 연속으로 배출한 가문은 드물었고 정약용도 그 점을 자랑스럽게 여겼지요.

인재를 찾던 영조는 똑똑하고 집안 좋은 정재원을 눈여겨보고 그가 과거시험에만 합격하면 요직에 쓰겠다고 말하기도 했습니다. 정재원 앞에는 탄탄대로를 걸을 일만 남아 있었지요. 하지만 사도세자의 죽음으로 그 장밋빛 미래에 점점 어둠이 드리워집니다. 정재원과 그 집안이 '남인'에 속했기 때문입니다.

영조 대에 가장 권력이 셌던 당파는 어디일까요? 서인에서 갈라져 나온 '노론老論'이었습니다. 사도세자를 탐탁지 않게 여기고 맹공격한 것도 노론이었지요. 이러한 노론과 정치적 입장이 달랐던 당파가 바로 정재원의 집안이 속한 남인이었습니다.

그러니 사도세자가 죽어가는 상황에서 정재원과 남인들은 어땠을까요? '정치적으로 공격당하거나 사도세자의 죽음에 연루되지는 않을까' 하며 눈치를 볼 수밖에 없었습니다. 그런 혼란한 정국에서 정재원은 괜한 화를 당하기 전에 다 내려놓고 고향에 내려가기로 결심한 것이었습니다. 그리고 약 한 달 뒤 아들 정약용을 얻게 된 것이었지요. 정약용의 아명을 왜 귀농으로 지었는지 이제야 이해가 되지요?

영재 정약용
실학에 눈을 뜨다

한양의 풍파를 피해 마재마을로 온 정재원의 아들 정약용은 어
느덧 네 살이 되었습니다. 아버지 정재원은 본격적으로 아들을 가
르치기 위해 천자문 책을 준비했습니다.

'귀농이가 학문을 시작할 때가 됐으니 내가 직접 선생님이 돼서
가르치자!'

네 살 때 천자문을 배우기 시작한 정약용은 아버지가 가르치는
내용을 쑥쑥 흡수하면서 빠르게 한자를 익혔습니다. 글자를 보는
정약용의 눈은 초롱초롱 빛났습니다. 호기심이 많고 배우는 걸 좋
아해서 글을 익히는 속도가 빨랐지요. 아버지 정재원 또한 열과 성
을 다해 아들을 가르쳤습니다.

그리고 일곱 살이 됐을 때 정약용은 놀라운 재능을 보여 줍니다.
한자로 시를 지은 것이지요. 정약용의 시를 본 정재원은 깜짝 놀라
고 맙니다. 일곱 살 아이가 썼다고는 믿을 수 없을 만큼 훌륭한 시
였거든요.

"작은 산이 큰 산을 가렸으니小山藏大山 멀고 가까움이 다르기 때문이
네遠近地不同."

정규영, 《사암선생연보》

정약용의 현손 정규영이 쓴 정약용의 전기 《사암선생연보》에 남아 있는, 정약용이 산을 보고 지은 시의 한 구절입니다. 잘 읽어 보면 일곱 살의 정약용이 시로 무언가를 표현했다는 것을 알 수 있는데요. 그것은 놀랍게도 원근법이었습니다.

이 시절에 잘 지은 시라면 보통 눈에 보이는 전경을 아름답게 읊는 것이었어요. 그런데 정약용은 정갈한 문장으로 풍경을 묘사한 건 물론이고 '앞산이 크게 보이는 건 실제로 뒷산보다 커서가 아니라 나와 가까워서 그렇구나!' 하고 깨닫기까지 한 것입니다. 그 나이대 아이가 상상도 하지 못할 원근법까지 이해하고 시로 표현한 거예요. 정말 놀랍지 않나요? 정약용은 이해와 습득이 빠르고 정리와 응용에도 탁월했으며 대단한 노력파이기도 했지요.

또 주변 환경의 영향도 빼놓을 수 없습니다. 정약용의 생가가 있는 남양주의 마재마을은 지금으로 치면 유명한 학군지였습니다. 인근에는 뛰어난 학자들의 집과 농장이 딸린 별장들이 많았기에 정약용은 그곳에 사는 지식인들과 교류하며 지식을 쌓을 수 있었어요. 글을 좋아해 시도 잘 짓고 수학과 과학적 소양까지 갖췄던 정약용! 한마디로 좋은 학군에서 공부하며 타고난 능력을 키워나간 문이과 통합형 영재였습니다.

시간이 흘러 1776년, 열다섯 살이 된 정약용에게 아주 기쁜 일이 생깁니다. 평생 함께할 배우자를 만난 거예요. 정약용이 맞이한 신부는 한 살 연상으로 명문가 풍산 홍씨 가문의 여인, 홍혜완이었습니다. 정약용은 이제 어엿한 한 가정의 가장이 되었습니다.

그런데 한 달 뒤, 정약용과 정씨 집안의 앞날을 바꿀 만한 일이 일어납니다. 조선에 새로운 왕이 등극한 것입니다. 영조의 손자이자 사도세자의 아들 정조가 조선의 제22대 왕이 되었지요. 정조가 즉위한 직후, 정약용 부부와 정재원은 마재마을을 떠나 한양으로 가게 됩니다. 정조가 조정에서 배척당했던 남인 인재들을 기용하려고 한 덕분입니다. 그가 탐낸 인재 중 한 명이 똑똑하기로 소문났던 정재원이었지요. 그렇게 정약용은 열다섯 살에 처음으로 한양에 들어서게 됩니다.

한양에서 살게 된 정약용은 그동안 접하지 못했던 새로운 책을 읽고 공부하는 데 흠뻑 빠지게 되었습니다. 호기심 넘치고 책 읽기 좋아하는 정약용에게 한양은 그야말로 별천지였지요. 그러던 어느 날, 다양한 책을 탐독하던 정약용은 인생을 180도 바꿀 어떤 인물의 글을 읽게 됩니다. 정약용의 두 눈을 번쩍 뜨이게 한 글을 쓴 사람! 그는 바로 이익이었습니다.

이익은 《성호사설》이라는 책을 남긴 조선 후기 대표적인 실학자입니다. 실학은 17세기부터 한양과 경기를 중심으로 퍼진 새로운 학풍이었어요. 실학자들은 '학문이 실생

성호사설 이익의 학문은 유학에 기본을 두었지만 개혁을 지향하고 경세실용에 중점을 둔 사상이었다. 한국민족문화대백과사전 제공.

활에 유용하게 쓰여야 한다'고 주장했지요. 이익은 그런 실학의 학풍을 연구하고 발전시킨 인물로 백성이 함께 잘사는 방안을 글로 남겼습니다.

'백성을 잘살게 하는 실용적인 학문이 있다니 놀랍구나!'

이익의 글을 통해 실학을 접한 뒤 정약용의 마음속에서 뜨거운 무언가가 끓어오르기 시작했습니다.

왕이 대놓고 편애한 성균관 유생의 등장

실학에 눈을 뜬 정약용은 이후 새로운 목표가 생깁니다. 실학을 실제로 적용해 보기 위해서 고위 관직에 올라가야겠다고 결심한 거예요. 이후 관직에 진출하기 위해서 열심히 공부에 매진한 그는 마침내 스물두 살이 되던 1783년, 목표에 한 발짝 다가가게 됩니다. 소과인 진사시 그리고 생원시에 연달아 합격해 성균관 유생으로서 사회에 첫발을 내딛게 된 것입니다.

며칠 후, 정약용을 포함한 성균관 신입 유생들은 창덕궁으로 향했습니다. 왕에게 인사를 올리기 위해서였습니다. 임진왜란 이후 창덕궁이 경복궁을 대신하여 왕이 머무는 법궁 역할을 했거든요. 얼마 후, 곤룡포를 입은 정조가 나타났고 정약용과 유생들은 바짝 긴장하며 고개를 푹 숙였습니다.

그렇게 몇 분이 지났을까 갑자기 정약용 앞에 그림자가 내려앉았습니다. 유생들을 살피며 걷던 정조가 정약용 앞에 딱! 멈춰 선 것입니다. 그리고 나서 정약용에게 대뜸 질문 하나를 던졌습니다.

"네 나이가 몇이냐?"

왕인 정조가 대놓고 정약용에게 관심을 표시한 것입니다. 이게 어떻게 된 일일까요? 이때 정조는 이미 정약용을 알고 있었을 가능성이 큽니다. 정약용이 9대 옥당 집안의 후손이라는 것이 알려졌을 테고 정조를 가까이서 모시던 관료 중에 정약용의 스승도 있었습니다. 정약용의 인품과 재능을 전해 들어 알고 있었겠지요.

특히 정조는 능력 위주로 인재를 기용하겠다고 결심했기에 정약용을 자신을 도울 듬직한 재목으로 본 듯합니다. 사도세자의 아들로 왕위에 오른 정조는 복수에 힘쓰는 대신 좋은 왕이 되기 위해 최선을 다했습니다. 정치, 경제, 문화 등 조선의 번영을 꾀하는 차원에서 여러 분야를 신경 썼지요. 그러기 위해서는 똑똑한 신하들이 필요했습니다.

그날 이후 성균관에서 불철주야 학업에 매진하던 정약용이 잔뜩 긴장하게 되는 일이 벌어집니다. 그를 포함한 유생들이 있는 성균관에 정조가 나타난 것이었어요. 정조는 훗날 자신을 보필할 인재들을 보려고 한 번씩 성균관에 들렀고 올 때마다 유생들에게 시험 삼아 간단한 글짓기 문제를 냈습니다. 유생들은 각각 열심히 답을 적어 냈으나 정조의 마음에 쏙 든 건 언제나 정약용의 답변이었어요.

정약용은 소신껏 경서를 해석했고, 배운 걸 인용해서 글 짓는 능력도 탁월했습니다. 무엇보다 출제자 정조의 의도를 정확히 간파하고 원하는 답을 내놓는 능력이 있었지요. 똑똑하다고 소문난 유생들 사이에서도 단연 두각을 나타내는 정약용을 보며 정조는 생각했습니다.

'정약용은 반드시 재상이 될 것이다.'

정약용이 훗날 반드시 자신을 보필할 최고위의 신하가 될 거라 단언한 것입니다. 정약용은 정조의 특별한 관심과 기대 속에서 과거의 마지막 관문인 대과 공부에 박차를 가했습니다.

시간이 흘러 정약용이 성균관에 들어온 지도 4년이 흐른 어느 날, 유생 정약용은 급한 호출을 받고 창덕궁으로 향하게 됩니다. 정조가 정약용을 불러들였기 때문입니다. 이때 정약용이 시험에서 탁월한 성적을 거뒀는데 그 사실을 안 정조가 직접 선물을 내리려고 부른 것이었지요. 정조가 선물로 주려던 것은 책이었습니다. 조정에서 간행한 책을 주기 위해 정조는 책 제목을 하나하나 말하며 원하는 것이 무엇이냐 물었어요. 그런데 정약용은 정조가 말하는 책마다 이미 가지고 있다고 답했습니다.

선물로 줄 수 있는 책이 없음을 깨달은 정조는 내심 뿌듯해하며 책 대신 술을 하사합니다. 그런데 정약용은 정조에게 생각지도 못한 말을 했어요.

"저는 술을 못하옵니다."

옆에 선 환관이며 승지며 모두 깜짝 놀랐습니다. 이 당시 왕이 내리는 술을 안 마실 수 있었을까요? 상상도 할 수 없는 반응이었음에도 불구하고 정조는 껄껄 웃으며 말했습니다.

"다 마셔라!"

애주가였던 정조는 술 거절만큼은 봐주지 않았어요. 어쩔 수 없이 술을 받아 벌컥벌컥 들이마신 정약용은 많은 양이 담긴 술 한 잔에 취하고 말았습니다. 취한 정약용은 정조의 명으로 내시의 부축을 받으며 겨우 물러날 수 있었지요.

그렇게 집으로 가는 줄 알았던 정약용은 내시의 안내로 빈 회의실로 들어서게 됩니다. 그리고 잠시 후, 한 승지가 들어와서는 소매에서 무언가를 쏙 꺼내서 정약용에게 건넸습니다. 정조가 간행한 조선 후기 군사 훈련도감인《병학통》이었습니다. 이《병학통》은 나온 지 얼마 안 된 따끈따끈한 새 책으로 몇 권 없는 매우 귀한 것이었지요. 그런데 정조는 왜 병법책을 문인이었던 정약용에게 줬을까요?

"네가 장수의 재주도 겸비하고 있음을 알기 때문에 특별히 이 책을 내려준다."

정규영,《사암선생연보》

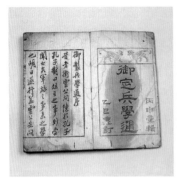

병학통(좌, 국립중앙박물관 제공)**과 국조보감**(우, 천안박물관 제공)

    정조는 훗날 정약용을 단순한 책상머리 문신으로만 쓰지 않고 병과 방면으로도 쓰겠다고 넌지시 그 뜻을 미리 밝힌 것입니다. 《병학통》을 선물로 받은 정약용은 무슨 생각을 했을까요? 그는 문신이어서 병과는 상상하지 못했기 때문에 조금은 당황스러웠을 것입니다. 그래서 '숨어서 경전이나 파야 하나' 하고 잠시 고민했다고 합니다.

    사실 정조는 역사책《국조보감》, 법전《대전통편》등 계속해서 정약용에게 직접 간행한 책을 주었는데요. 이는 자신의 국정 철학을 공유하고자 한 의도가 담겨 있었습니다.《병학통》을 선물한 것도 정약용을 독려한 방법으로 볼 수 있어요. 이는 정약용을 자신과 함께 국정을 운영할 유능한 관료로 만들어가는 정조만의 방법이었습니다.

천주교 신자가 되어
마주친 최대 위기!

정조의 애정과 특별 교육을 받으며 역량을 키워나가던 정약용은 이대로 대과 합격만 하면 관직 생활의 탄탄대로가 보장된 상황이었습니다. 하지만 1787년 겨울, 유생 정약용이 대과는 물론이고 아예 관직에 나가지 못할 수도 있는 스캔들이 터집니다. 성균관 동기들이 정약용에 관한 소문을 퍼뜨린 것입니다.

"정약용이 믿어서는 안 될 걸 믿고 있다!"

믿어서는 안 되는 것의 정체는 바로 '천주교'였습니다. 갑자기 천주교라니, 이게 무슨 이야기일까요? 스캔들이 터지기 3년 전인 1784년, 정약용이 스물세 살일 때로 거슬러 올라가 보겠습니다.

17세기 전후부터 청나라를 거쳐 서양 학문, 이른바 서학西學이 조선에 들어오기 시작합니다. 서학에는 과학, 천문학, 지리학 등 다양한 분야가 있었는데 그 속에는 천주교 교리를 적은 책도 있었어요. 조선의 학자들은 처음에는 호기심에 새로운 학문인 천주교를 공부했습니다. 그런데 점차 종교로서 믿는 사람들이 생겨나기 시작했어요. 정약용 역시 천주교에 관해 알게 된 뒤 푹 빠져들게 됩니다.

사실 정약용의 가족 중에는 조선에 천주교를 처음 퍼뜨린 인물이 있었습니다. 정약용에게는 어머니가 다른 이복형 정약현이 있었는데요. 이 정약현과 아주 가까운 인물이 정약용 집안에 천주교를 전파했어요. 그 인물은 정약현의 처남, 이벽이었습니다.

이벽은 엄청난 신앙심을 지닌 한국 최초의 천주교 신자로 주변인과 인척들을 일일이 찾아다니면서 천주교를 전파했고 정약용과 동복형제들도 이벽을 통해 천주교를 알게 된 것이었지요. 정약전과 정약종, 정약용은 세례까지 받습니다. 정약용은 사도 요한이라는 세례명을 받아 신앙 활동을 했어요. 조선에서 낯선 종교인 천주교를 정약용 집안에서 빠르게 받아들인 데에는 새로운 사상과 학문을 접하고 받아들이는 데 거리낌 없었던 집안의 분위기도 영향을 주었을 것이라 봅니다.

그렇게 천주교 신자가 된 정약용과 형제들은 지인들과 지금의 명동인 명례방에 있는 한 천주교인 집에서 종종 신앙 모임을 가졌습니다. 그렇게 친구와 지인들과 2년 동안 천주교 모임을 해 오다가 1787년에 성균관 친구에게 딱 걸려 버리고 만 거예요. 이 사실은 다른 유생들에게도 알려졌고 정약용은 거센 비난에 휩싸입니다. 우리가 익히 알고 있듯이 당시 조선은 성리학이 아닌 것은 철저히 배척했으니까요. 다른 유생들은 정조에게 정약용을 제대로 벌할 것을 요청하기도 했습니다.

이때 정조의 반응은 어땠을까요? 다행히도 정조는 정약용을 벌할 마음이 없었기에 문제 삼지 않았습니다. 정조의 묵인 덕분에 정약용은 별다른 여파 없이 위기를 넘길 수 있었어요. 정조는 왜 정

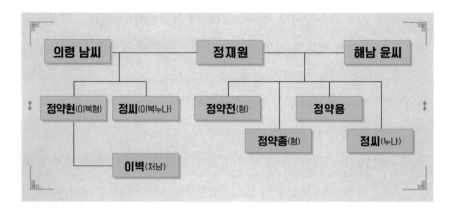

정약용 가계도

약용을 벌하지 않았을까요? 정약용이 아끼는 유생이기도 했으나 이때 정조는 천주교를 탄압할 마음도 크게 없었어요. 성리학이 제 대로 자리를 잡고 융성해지면 천주교는 저절로 없어질 테니 굳이 조정에서 천주교 배척에까지 힘을 쓸 필요가 없다는 입장을 내세 우고 있었습니다.

조선을 발칵 뒤집은 천주교 진산 사건

천주교 때문에 한바탕 곤욕을 치른 정약용은 이후 더욱더 대과 공부에 집중합니다. 천주교 사건에 얽혔음에도 정조는 정약용을 변함없이 신뢰하고 총애했고 정약용은 그런 정조의 믿음에 보답해야겠다는 마음을 키워나가고 있었어요.

1789년, 정약용은 스물여덟 살에 드디어 대과 문과에 급제합니다. 성균관에 들어온 지 6년 만에 벼슬길에 나가게 된 것이지요. 그리고 급제하자마자 특별한 집단에 들어가게 됩니다. 정조가 특별히 관리하는 문신들이 모인 '초계문신抄啓文臣'이었습니다. 과거에 급제한 사람 중 37세 이하의 문신들이 초계문신으로 뽑혔고, 이들은 규장각에 소속돼 정조에게 특별 교육을 받고 정조와 함께 공부하면서 국정을 위한 연구도 했습니다. 지금으로 치면 정책 입안의 바탕이 되는 싱크 탱크 역할까지 한 것이지요.

정조의 절대 신임 아래 초계문신까지 지낸 정약용은 이후 요직을 두루 거치게 됩니다. 왕에게 간언하는 사간원 정6품 정언에 임명됐고 얼마 지나지 않아 신하들을 감찰하는 사헌부의 정5품 지평에 임명되기도 합니다. 모두 정조와 지극히 가까운 거리에서 일하는 자리였지요.

하지만 1791년, 승승장구하며 정조의 오른팔로 성장해 나가던 정약용을 긴장시키는 일이 벌어집니다. 성리학의 나라 조선에서는 상상도 할 수 없는 충격적인 소문이 정조에게 전해진 것입니다.

"신주를 멋대로 태워 버리고 부모의 시신을 팽개쳐 버렸으니, 이는 실로 강상綱常의 죄인으로 하늘과 땅 사이에 한순간도 용납할 수 없는 자입니다."

《정조실록》 33권, 정조 15년(1791) 10월 20일

상소의 내용은 전라도 진산에 살던 윤지충과 권상연이라는 두 양반에 대한 소문이었습니다. 그들이 제사를 지낼 때 모시는, 고인의 이름과 죽은 날짜를 적은 조상의 위패 신주神主를 태우고 부모의 시신을 함부로 내팽개쳤다는 내용이었지요. 유교를 신봉하는 조선에서는 감히 용납할 수 없는 끔찍한 일이었습니다.

윤지충과 권상연은 왜 그런 행동을 한 걸까요? 사실 이들은 독실한 천주교 신자였습니다. 그래서 신주를 모시는 일이 천주교가 엄격히 금지한 '우상 숭배'라고 생각했어요. 시신을 내팽개친 것까지는 아니었지만 신주를 태우고 제사를 지내지 않은 것은 사실이었지요. 번듯한 양반 두 명이 천주교 때문에 신주를 태웠다는 이 흉흉한 소문은 조선 팔도에 일파만파 퍼져나갔습니다.

정약용은 왜 이 소문에 긴장했을까요? 죄인으로 지목된 인물 중한 명인 윤지충이 정약용의 외사촌이었기 때문입니다. 자칫하다가는 또 천주교와 엮일 수 있으니 정약용은 그저 숨죽이고 있을 수밖에 없었어요. 그러던 그때! 정조의 서슬 퍼런 어명이 떨어졌습니다.

"윤지충, 권상연 두 사람을 참수하라!"

이후 정약용에게는 어떤 후폭풍이 닥쳤을까요? 이번에도 정약

용에게는 아무런 여파가 일지 않았습니다. 사건의 당사자인 두 사람만 참수하는 것으로 사건은 마무리됩니다.

그러나 진산 사건을 기점으로 조선에서 천주교는 사악한 종교로 취급되고 정약용은 천주교 신자라는 이유로 그를 싫어하는 반대파 조정 대신들에게 계속 공격을 받게 됩니다. 하지만 그때마다 정조는 그 공격을 막아 주었어요. 자신의 지지 기반이자 개혁 파트너의 핵심 인물인 정약용을 지켜야 했기에 보호막 역할을 자처했습니다.

그런데 정조의 보호 속에서 관직을 무사히 지낼 수 있었던 정약용이 어쩔 수 없이 정조의 곁을 떠나야 하는 일이 생깁니다. 당시 진주 목사였던 아버지 정재원이 병을 앓다가 세상을 떠나고 만 것입니다. 정약용은 조정에서 하던 일을 내려놓고 아버지의 장례를 치른 후 고향 마재마을로 가서 삼년상을 시작하게 됩니다.

정조의 무한 신임 아래
이끌어나간 화성 건설 프로젝트

그렇게 사회와 단절한 채 지내고 있던 정약용을 누군가가 찾아옵니다. 그는 정조가 정약용을 급히 찾는다는 말을 전달하러 온 사람이었습니다. 정조는 왜 급히 정약용을 불렀을까요? 이때 정조는 사활을 건 장기 프로젝트를 계획하고 있었거든요.

'수원으로 옮긴 아버지 사도세자의 묘를 지킬 성을 만들자!'

이 계획에 반드시 함께할 사람은 당연히 정약용이었습니다. 그래서 정약용의 상황을 알면서도 사람을 보내서 합류하라고 한 것이었지요. 정약용도 정조에게 이 일이 얼마나 중요한지 알았기에 삼년상 중에도 두말하지 않고 부름에 응했습니다.

정조 곁으로 돌아온 정약용은 곧바로 신도시 화성 건축의 기초 설계부터 공사법까지 총망라해서 제출하라는 과제를 받게 됩니다. 그런데 정약용이 성을 쌓아 봤을까요? 당연히 정약용에게 건축 경험은 없었습니다. 그러나 정조의 믿음에 보답해야 했고 어떻게든 해내야만 했지요. 정조의 어명을 받은 날부터 정약용의 방에는 불이 꺼지지 않았어요. 정약용은 성 건축과 관련된 조선과 명나라의 책들을 보면서 공부해나갔습니다.

그리고 이듬해에 《성설》이라는 화성 건축 지침안을 완성해내는 데 성공합니다. 《성설》에는 총 여덟 개 항목으로 나뉘어 정리된 화성 건축의 핵심 사항들이 담겨 있었습니다. 성의 크기부터 성벽을 쌓는 법, 기초 다지는 법 등 많은 것을 알 수 있는 정보였지요. 또 돌의 크기를 표준화해서 시간을 단축하는 등 효율적으로 공사를 진행하는 방법까지 들어 있었어요. 정약용은 안전하고 튼튼하게 성을 만들되 쓸데없는 인력·시간·돈 낭비 없이 화성을 건설할 방법을 연구한 것입니다. 화성 건축의 기본 뼈대를 완벽히 세워 온 정약용을 보며 정조는 기쁨을 감출 수 없었습니다.

정조는 이에 만족하지 않고 방어 시설 설계와 무거운 짐을 옮길 기계 제작이라는 과제를 추가했어요. 이제는 과학자의 역할까지 해내야 하는 상황! 정약용은 다시 막막해졌지만 머뭇거리고 있을 시간이 없었습니다. 또다시 불철주야 책들을 꼼꼼하게 읽으며 연구에 몰두했습니다.

그렇게 노력해 마침내 정약용이 설계해낸 것이 있습니다. 화성 방어를 위해 성문 앞에 견고하게 쌓은 성곽, '옹성甕城'입니다. 옹성은 항아리를 쪼갠 모습과 닮아서 붙여진 이름인데요. 이 옹성은 화

수원 화성 팔달문 문화재청 제공

성에 적이 쳐들어오더라도 적을 가둬둔 뒤 공격할 수 있도록 설계되었습니다. 《화성성역의궤華城城役儀軌》에 실린 화성의 일부에서 그 모습을 확인할 수 있어요.

정약용은 백성들의 힘을 덜어 줄 공사 기계 역시 뚝딱 고안해냈습니다. 우리가 정약용 하면 흔히 함께 떠올리는 바로 그것! 거중기입니다. 정약용은 명나라 책 《기기도설奇器圖說》에서 서양식 기어가 장착된 거중기를 보았지만 아무리 생각해도 조선에서 그 장치를 제작하는 건 불가능하다고 판단하고, 고민 끝에 기어로 작동하지 않고 열 개의 도르래로 작동하는 조선판 수동 거중기를 제작했습니다. 그렇게 제작된 거중기는 무려 10톤이 넘는 돌을 들어 올릴 수 있었지요.

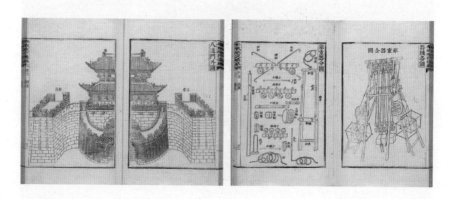

화성성역의궤 수원 화성을 축조하며 건설 과정과 제도, 의식을 글과 그림으로 기록한 의궤. 2년 9개월의 공사 기간 중 있었던 모든 내용이 상세하게 기록되어 있다. 정약용이 제안한 옹성과 거중기의 모습도 확인할 수 있다. 국립중앙박물관 제공.

이뿐만 아니라 정약용은 또 다른 도구 '유형거'와 '녹로'도 만들었습니다. 유형거는 지렛대의 원리를 이용해 돌을 손쉽게 운반할 수 있는 수레였습니다. 녹로는 오늘날 크레인과 비슷한 도구로 작은 돌과 목재를 높이 올리는 데 사용됐을 것으로 추정합니다. 이 모든 기계에는 백성들의 수고를 조금이라도 덜어 주고자 한 실학자의 마음이 담겨 있었습니다.

정약용의 역량이 한껏 발휘된 조선판 신도시 수원 화성! 그 모습은 과연 어땠을까요? 〈화성전도〉를 보면 크게 도시를 둘러싸고 있는 성곽이 있고, 위쪽 중심부에는 왕이 머물던 행궁이 위치한 것을 확인할 수 있습니다. 지금 봐도 대단히 크고 잘 만들어진 계획

화성전도 화성의 도시 구조는 크게 성곽 시설과 행궁 시설, 민가 구역으로 나눌 수 있다. 팔달산과 평지를 연결하는 성곽에는 북쪽의 장안문, 남쪽의 팔달문, 동쪽의 창룡문, 서쪽의 화서문이 있으며 성곽 곳곳에 암문, 각루 등 군사 시설을 두었다. 국립중앙박물관 제공.

도시입니다.

그럼 이 엄청난 규모의 화성을 짓는 데는 몇 년이 걸렸을까요? 정조가 예상한 건 10년이었지만 단 2년 9개월 만에 공사가 끝나게 됩니다. 화성 건설은 뛰어난 실학자 정약용의 수학적 재능과 과학자로서의 역량 그리고 행정가의 면모까지 총동원된 걸작이었습니다.

이 화성 건설 프로젝트는 정조에게 여러 중요한 의미가 있었습니다. 아버지 사도세자의 묘를 이장하면서 자신을 정점으로 하는 정치적·군사적 거점을 만드는 것이었고 성뿐만 아니라 농지와 수리시설을 만드는 등 자신의 도시계획을 실현하는 일이기도 했지요. 정조가 꿈꾼 이상적인 도시가 탄생한 거예요. 정약용은 누구보다 깊이 그 계획을 이해하고 있었기에 삼년상을 치르는 중에도 최선을 다해 정조의 꿈을 현실로 만드는 데 완벽하게 기여할 수 있었습니다.

왕의 해결사가
사직 상소를 올린 이유

화성 건설을 성공시키며 정조의 확실한 해결사가 된 정약용은 1794년 조정으로 복귀했습니다. 그리고 조선 백성의 목숨을 구할 책 《마과회통麻科會通》까지 펴쳐냈어요. 어떤 책이었길래 목숨을 구

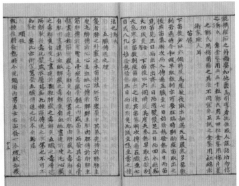

마과회통 한국의학사에서 보기 드문 마진 전문서로 마진의 원인과 증상뿐 아니라 마진의 여러 병증을 감별 진단하는 법과 치료법, 의학 견해가 체계적으로 기술되어 있다. 다방면에 박식했던 정약용이 의학에도 상당한 조예가 있었음을 증명하는 책이다. 한국학중앙연구원 장서각 소장.

할 정도라고 할까요? '마과', 즉 '마진(홍역) 계통의 병과 그 치료법을 모두 모아서 잘 통하도록 정리한 책'이라는 뜻입니다. 한마디로 홍역 예방법과 치료법이 담긴 의학서였어요.

때는 1797년, 정약용이 곡산부사를 지내고 있던 시기에 마진이 크게 유행했습니다. 마진이 한번 돌면 백성들은 끙끙 앓다가 죽는 경우가 많았습니다. 이를 지켜본 정약용은 백성들이 전염병으로 죽는 걸 더 이상 두고 볼 수 없었어요.

그래서 이번에는 조선과 중국 의학서를 찾아 열심히 공부하며 자료를 모았고 그 안에서 조선 사람들에게 맞는 치료법을 뽑아내고 정리해《마과회통》을 완성한 것이었지요. 실학자로서 백성들의 삶에 관심을 가지고 마음을 쓴 결과였습니다. 또 왕인 정조가 전염병에 대한 근심을 덜었으면 하는 마음도 있었을 거예요.《마과회통》에 관해 듣고 흐뭇해한 정조는 정약용을 지금의 법무부 차관 격인 형조참의로 임명했습니다. 그리고 오랫동안 계획한 전국의 형사 사건을 재조사하는 일을 맡겼지요.

이번에도 정약용은 훌륭하게 해냈을까요? 정약용은 사건을 재조사해서 많은 억울한 백성의 누명을 벗겨 주었고 정조의 기대에 완벽하게 부응하는 결과를 보여 줍니다. 백성들이 억울한 일이 없게 만들려는 정조의 뜻을 잘 받들고 잘 이어간 것이었지요. 정약용은 수사까지 섭렵한, 그야말로 명실공히 정조의 특급 해결사였어요. 이후에도 정조는 해결되지 않는 일이 있을 때마다 정약용을 찾았습니다.

그런데 정약용은 형조참의가 된 지 두 달도 되지 않아 정조에게 사직을 청하게 됩니다.

"수없이 남에게 배척을 받아 더욱 위태롭게 되어, 벼슬에 오른 지 11년 동안에 일찍이 하루도 조정에서 편할 날이 없었습니다."

《다산시문집》

정약용은 왜 갑자기 이런 상소를 올린 걸까요? 정약용은 진산 사건 이후 천주교를 배척했고 자신은 더 이상 천주교인이 아니라고 피력해 오고 있었습니다. 그런데 또다시 동복형 정약전이 천주교와 연관된 사건에 연루된 것이었습니다. 형이 연루된 일인데 꼭 사직을 청해야만 했을까요? 다음 타깃은 분명히 자신이 될 것이라 예상했기 때문입니다. 그래서 정약용은 마음을 담아 정조에게 글을 올린 것이었지요.

정약용은 천주교를 빌미로 자신도 가족도 계속 공격받는 상황에서 몸과 마음이 지쳐 버리기도 했지만 이대로 조정에 있으면 자신의 존재가 정조에게 부담이 될 거라는 것 또한 너무나 잘 알고 있었습니다. 천주교와 관련한 사건이 터질 때마다 정조가 자신을 보호해주는 상황이 죄스러울 수밖에 없었겠지요.

정약용의 사직 상소에 정조는 어떤 반응을 보였을까요? 어쩔 수 없이 사직을 허락합니다. 정약용을 아끼는 만큼 그의 처지를 알고 놓아줄 수밖에 없었던 거예요. 상소에는 눈물이 흘러 글자가 번져서 더 이상 쓰기가 어렵다는 말이 쓰여 있었습니다. 정조에게 큰 부담이 되고 싶지 않아 어렵게 내린 결정이었던 듯합니다.

그렇게 고향으로 돌아오게 된 정약용은 1년 후 마음이 찢어지는 소식을 듣게 됩니다. 병석에 누워 있던 정조가 승하했다는 것이었습니다. 믿을 수 없는 소식에 정약용은 한양으로 한달음에 달려가 창경궁 앞에서 실성한 사람처럼 울부짖었습니다. 정약용을 믿고 아끼며 사랑한 임금 정조는 이제 어디에도 없었지요. 정약용은 고향과 한양을 오가며 3개월 동안 정조의 상을 치렀습니다.

천주교 탄압으로
유배길에 오르다

정조 다음 왕위에 오른 인물은 정조의 아들인 열한 살의 순조였습니다. 그리고 어린 순조를 대신해 영조의 계비 정순왕후가 수렴청정을 시작했지요. 정조가 없는 새로운 조정에서는 아무도 정약용을 찾지도 원하지도 않았습니다. 그렇게 정약용은 한양에서 점점 잊히는 듯했어요.

그런데 이듬해인 1801년에 갑자기 한양에서 누군가가 정약용을 찾았습니다. 이 당시 일어난 천주교 신자 탄압 사건, '신유박해辛酉迫害' 때문이었습니다. 정순왕후를 중심으로 조선 조정에서 본격적으로 천주교 탄압을 시작했고 그 화살은 정약용과 그 가문에도 겨누어졌습니다.

정약용의 셋째 형 정약종은 자신이 가지고 있던 천주교와 연관된 물건과 책, 문서 등을 숨기기 위해 사람을 시켜서 몰래 움직였으나 공교롭게도 그 사람이 딱 적발되고 말았습니다. 이로 인해 정약종이 여전히 천주교를 믿고 있다는 게 만천하에 드러났고 이 사건으로 정약종은 물론 정약전과 정약용까지 세 형제가 조정으로 끌려가게 됩니다. 조정 대신들은 정약용 형제에게 어떻게든 천주교인이라는 자백을 받아내려 했어요. 그렇게 벼랑 끝까지 몰린 정약용과 형제들! 바로 그때 판을 뒤집을 결정적인 문서가 발견됩니다.

"약전과 약용이 서학을 함께하지 않는 것이 한스럽다고 하였다."

《다산시문집》

셋째 형 정약종이 누군가에게 보낸 편지에 형 약전과 동생 약용이 천주교를 믿지 않아서 한스럽다는 내용을 적은 것이었지요. 이 편지는 정약용과 정약전이 천주교도가 아니라는 결정적 증거가 되었습니다. 이후 독실한 천주교인 정약종은 처형되었고 정약용과 정약전은 처형을 면하지만 형벌은 피하지 못했어요. 정약용은 경북 포항의 장기로, 정약전은 전남 신지도로 유배를 가게 됩니다.

그런데 유배지에서 8개월이 흐른 뒤 또다시 정약용에게 믿기 힘든 소식이 들려옵니다. 정약용의 조카사위 황사영이 천주교에 연루된 것이었어요. 대대적인 천주교 박해가 시작되니 황사영과 몇몇 천주교인은 동굴로 피신했어요. 그곳에서 황사영은 흰 비단에 빽빽하게 글을 써서 조선에서 펼쳐진 천주교 박해 상황을 중국 베이징의 포르투갈 주교에게 알리려고 했습니다. 그런데 문제는 이 문서가 단순한 도움 요청이 아니라는 것이었어요. 이른바 〈황사영 백서〉에는 거센 파란을 몰고 올 충격적인 내용이 적혀 있었지요.

"진실로 이러한 때에 속국이 될 것을 명하여 (…) 조선을 영고탑에 소속시켜 황조의 근본이 되는 땅을 넓히십시오."

〈황사영 백서〉

이게 무슨 말인지 알겠나요? 천주교 박해가 너무 심하니 청나라에서 쳐들어와서 조선을 청나라 땅에 소속시키라고 요청한 거예요. 이를 '황사영 백서 사건'이라고 합니다.

이 사실을 알게 된 조선 조정의 분노는 하늘을 찔렀습니다. 결국, 황사영은 참수형에 처했고 정약용은 전남 강진으로 정약전은 전남 흑산도로 더 멀리 유배를 떠나야 했습니다.

집안이 산산조각이 난 정약용은 정조 없는 하늘 아래 머나먼 땅 강진에서 대역죄인으로 살아가게 되었습니다. 그곳에서 글을 쓰는 데 몰두하면서 무려 18년을 보내고 57세가 되어서야 고향 마재

황사영 백서의 일부 황사영은 초창기 한국가톨릭교회 지도자의 한 사람으로, 밀서였던 백서에는 조선 교회를 재건할 방법뿐 아니라 청에 무력 행사를 요청하는 내용이 담겨 있어 논란이 됐다. 국립중앙박물관 제공.

다산초당 전라남도 강진군에 위치한 다산초당은 정약용이 강진 유배 18년 중 10여 년 동안 생활한 곳으로 정약용은 이곳에서 《목민심서》, 《경세유표》, 《흠흠신서》 등 600권에 달하는 책을 쓰며 실학을 집대성했다. 강진군 제공.

마을로 돌아갈 수 있었지요. 한때는 조정으로의 복귀를 꿈꾸기도 했지만 그 꿈은 이뤄지지 않았고 1836년에 일흔다섯의 나이로 친족들과 제자들이 모인 가운데 세상과 작별합니다.

정약용은 생전 자신의 호를 《중용》에서 인용한 '사암（俟菴）'이라고 불러 주길 바랐다고 합니다. 기다릴 사（俟）와 암자 암（菴）을 쓴 이름에는 '훗날을 기다리고 기대하는 마음'이 담겨 있습니다. 거기에는 정조를 그리워하는 마음과 뜻을 제대로 펼치지 못했다는 아쉬움이 짙게 배어 있는 듯합니다. 만약 정약용이 정조와 더 오래 함께했다면 조선은 어떤 모습이었을까요? 백성이 더 살기 좋은 나라가 되지 않았을까 생각해 보게 됩니다.

귀양살이만 18년, 어쩌면 그의 여생은 삶의 마지막 투쟁이었을지도 모릅니다. 그러나 폐족이 되었음을 한탄하거나 허송세월하지 않고 그동안 공부한 내용을 정리하는 책을 써 내려갔어요. 이때 정약용의 대표 저서 《목민심서》와 《경세유표》도 탄생했지요. 이 덕분에 그는 역사에 폐족이 아니라 그가 바랐던 실학자로 남을 수 있었습니다. 마지막으로 정약용이 자식들에게 당부했던 말을 전하며 이야기를 마치겠습니다.

"진실로 너희들에게 바라노니, 항상 심기를 화평하게 가져 중요한 자리에 있는 사람들과 다름없이 하라. 하늘의 이치는 돌고 도는 것이라서, 한번 쓰러졌다 하여 결코 일어나지 못하는 것이 아니다."

8장

벌거벗은 대원군

홍문기(총신대학교 역사교육과 교수)

왕위의 왕으로 군림한
고종의 아버지, 흥선대원군

조선 시대 궁궐이 모여 있는 서울 종로구에는 경복궁과 창덕궁 사이에 작은 궁궐이 하나 있는데요. 바로 '운현궁雲峴宮'입니다. 처음 들어보는 분들도 계실 거예요. 왕이 머무르며 정사를 돌보기 위해 만들어진, 본래 궁궐로 지어진 경복궁과 창덕궁과 달리 운현궁은 원래 평범한 사가에 불과했거든요. 그런데 놀랍게도 이 사가에서 태어난 한 인물이 왕이 되면서 왕이 태어나고 자란 곳을 높이기 위해 '궁'이라는 명칭이 붙게 되었습니다.

그렇다면 이 운현궁에서 태어나 왕이 된 인물은 누구일까요? 우리가 너무나 잘 알고 있는 조선의 제26대 왕 고종입니다. 왕인데 사가에서 태어났다니, 참 의아하지요? 게다가 운현궁의 주인은 우

이하응(흥선대원군) 초상 대구대학교 중
앙박물관 소장

리가 익히 들어온 역사적 인물인데요.
왕의 아버지로 왕보다 더한 위세를 떨
친 흥선대원군입니다.

사실 고종은 절대 왕이 될 수 없는 인
물이었어요. 그런데도 고종이 왕이 될
수 있었던 건 아버지 흥선대원군의 은
밀한 계책 덕분이었습니다. 흥선대원군
은 어떻게 자신의 아들을 왕으로 만들
수 있었을까요? 왕이 될 운명이 아니었
던 아들을 왕으로 만든 아버지 흥선대
원군의 놀라운 이야기를 지금 벗겨보겠
습니다.

고위 관직은 꿈도 꾸지 못한
비주류 왕족의 운명

흥선대원군은 왕이었던 아들 고종만큼이나 널리 알려져 있지
만, 우리가 알고 있는 이야기의 대부분은 고종이 즉위한 이후의 일
일 것입니다. 그렇다면 고종이 왕이 되기 전에 흥선대원군은 어떤
행보를 보였을까요? 교과서에 나오지 않는 인간 흥선대원군의 이

야기를 살펴보겠습니다.

홍선대원군의 본명은 '이하응'으로 그는 1820년 12월의 어느 추운 겨울날 경복궁과 창덕궁, 창경궁을 지척에 둔 지금의 서울 안국동에서 태어났습니다. 왕의 친족인 남연군의 4남 1녀 중 막내아들이었고 다섯 명의 남매 중에서도 유독 아버지의 사랑을 독차지했어요. 사랑스러운 막내기도 했지만 형제들 사이에서도 가장 총명했기 때문이지요. 어릴 때부터 남달리 영특한 모습을 보였던 홍선군이 그 영특함을 인정받은 일화가 있습니다.

조선 후기를 대표하는 서예가이자 천재적인 화가 추사 김정희가 홍선대원군을 극찬한 일인데요. 추사 김정희는 그의 이름을 본뜬 글씨체인 '추사체'까지 있을 정도로 당대에도 유명했던 선비입니다. 예술가이자 훌륭한 선비였던 추사 김정희는 선비들을 가르치는 일에도 매진했습니다.

조선의 스타 선비이니만큼 그의 수업을 듣고 싶어 하는 사람들이 어마어마하게 많았습니다. 그야말로 가장 인기 있는 일타 강사였던 것이지요. 홍선대원군은 치열한 경쟁을 뚫고 김정희에게 그림과 글씨를 두루 배웠습니다.

김정희는 엄격한 스승이었어요. 상대를 가리지 않는 인정사정 없는 독설에 제자들도 매번 긴장할 수밖에 없었지요. 그런데 무서운 독설가였던 그가 어느 날 홍선대원군에게 이런 말을 던집니다.

"이 늙은이가 두 손을 모으며 감탄할 정도이다. 압록강의 동쪽 조선에 이만한 작품은 없다."

　김정희가 극찬할 정도로 흥선대원군은 그림과 글에 뛰어난 소양을 갖추고 있었습니다. 게다가 똑똑하기까지 했으니 조선 조정의 주목을 받았으리라 싶지만 흥선대원군은 조선에서 고위 관직을 얻을 수 없었습니다. 대체 그 이유가 뭘까요?

　흥선대원군이 영조의 명으로 뒤주에 갇혀 죽음을 맞이한 사도세자의 증손자였기 때문입니다. 게다가 사도세자의 손자이자 흥선대원군의 아버지인 남연군에게는 또 하나의 결점이 있었습니다. 남연군은 사도세자의 서자였던 은신군의 제사를 위해 양자로 입양된, 직계 왕족의 피를 물려받지 않은 인물이었어요. 조선 시대

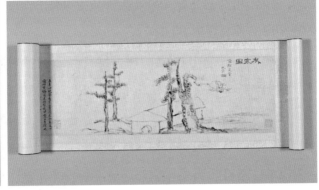

추사 김정희(좌)**와 〈세한도〉**(우) 추사 김정희가 정치적 모략에 의해 제주도에 유배되었을 때 북경에서 귀한 책을 구해다 준 제자 이상적의 인품을 날씨가 추워진 뒤에 제일 늦게 낙엽이 지는 소나무와 잣나무의 지조에 비유하여 그려준 〈세한도〉는 그의 대표작으로 손꼽히는 작품이다. 현재 국보 제180호로 지정되어 있다. 국립중앙박물관 제공.

사도세자의 후손 관계도

에는 후손이 없을 때 제사를 지내기 위해 아들을 입양했거든요. 이
말인즉슨 흥선대원군은 폐위된 사도세자의 후손인 데다가 직계
혈통도 아니었다는 것입니다. 그래서 조정에서 능력을 발휘할 기
회조차 얻을 수 없었습니다.

　흥선대원군은 이대로 총명함을 발휘할 기회를 잡지 못했을까
요? 다행히 흥선대원군이 능력을 펼칠 수 있는 곳이 있었습니다.
왕실 후손들에 대한 일을 맡아 보던 '종친부宗親府'였지요. 흥선대원
군은 제24대 왕 헌종이 재위하던 스물일곱 살부터 이 종친부에서
왕실 종친들의 명단을 정리하는 일을 담당했습니다. 그리고 왕실
의 장례 과정을 관리하는 업무도 맡았어요. 흥선대원군은 이곳에
서 실무 능력을 인정받고 곧 종친부의 실세가 됩니다.

　그러나 흥선대원군에게 주어진 기회는 딱 여기까지였습니다.

아무리 똑똑하고 일을 잘해도 흥선대원군이 조선 조정에서 할 수 있는 일에는 한계가 있었어요. 종친부의 실세가 되었는데도 왜 기회가 막혀 버린 걸까요? 조선 초기 태종 때부터 종친들은 나라의 중요한 자리에 올라가지 못하게 했기 때문인데요. 종친들이 권력을 얻어 세를 불리면 왕에게 위협이 될 수 있었기 때문에 관직은 명예직으로 한정되었고 한번 종친이 되면 몇 대 동안 과거시험에도 응시할 수 없었습니다.

꿈틀거리는 욕망을 누른 채 때를 기다리다

그런데 1849년, 조선 전체가 들썩이는 사건이 벌어집니다. 당시 왕이었던 헌종이 스물세 살의 나이로 사망한 것입니다. 그런데 이때! 너무나 뜻밖에도 왕위 후보에 오른 인물이 있었습니다. 그 주인공은 놀랍게도 흥선대원군이었어요. 조선의 왕 중에는 마땅한 후계자 없이 일찍 죽는 이들이 많았습니다. 앞서 살펴본 명종 사후에 그러했듯이 헌종 역시 후사 없이 사망하자 직계 혈통으로는 왕실의 대가 끊기게 되었습니다. 그래서 왕위를 이을 적합한 인물을 찾아 족보를 타고 거슬러 올라갔지요. 그렇게 찾고 또 찾다 보니 종친부에서 일하던 흥선대원군까지 후보에 올라가게 된 거예요.

하지만 정권을 잡고 있던 세도가 안동 김씨 세력은 강화도에서 나무꾼으로 생활하던 철종을 밀었습니다. 열아홉 살이었던 철종은 별안간에 왕위에 올라 조선 제25대 왕이 되었지요. 하지만 바로 친정을 펼치지는 못했어요. 나이가 어리고 농사를 짓다가 갑자기 왕이 되었다는 이유로 대왕대비가 수렴청정을 했지요.

홍선대원군은 당시에 이미 스물아홉 살의 성인이었고 무척 똑똑했습니다. 그가 왕이 되면 수렴청정을 할 명분이 없었지요. 권력을 놓고 싶지 않았던 안동 김씨 세력은 능력 있는 홍선대원군 대신 정치를 잘 모르는 철종을 선택한 것이었습니다.

그런데 철종이 즉위한 뒤 홍선대원군이 갑자기 충격적인 모습으로 사람들 앞에 나타납니다. 잔칫집에서 남은 고기 뼈다귀를 빌어먹고 다니는 이상한 행동을 하기 시작한 거예요. 이 때문에 양반들에게 '상갓집 개' 취급을 받았습니다. 게다가 그는 잘나가는 안동 김씨 가문을 찾아다니며 구걸도 서슴지 않았어요. 이뿐만이 아니었습니다. 장안에서는 홍선대원군을 두고 이런 얘기가 떠돌 정도였습니다.

"이하응은 성품이 경솔하고 방탕하여 무뢰한과 잘 어울렸다. 기생집에서 놀다가 가끔 옥을 당하니 사람들이 모두 조관朝官으로 여기지 않았다."

《근세조선정감》

'조관'은 조정에서 벼슬살이하는 신하를 뜻합니다. 흥선대원군이 흥청망청하며 방탕한 난봉꾼처럼 산다는 소문이 쫙 퍼졌고 사람들이 양반 대접조차 해주지 않았다는 내용입니다. 심지어 기생집에서 놀다가 멸시를 당할 정도로 사람들의 눈총을 샀어요.

사실 이런 이야기들은 대부분 정사가 아닌 야사에 담긴 것이고 그중에는 흥선대원군을 주인공으로 한 소설《운현궁의 봄》도 있었기 때문에 전부 사실로 믿기는 어렵기도 합니다. 다만 기생집을 드나들면서 신분이 낮은 군관과 식객들을 사귀고 세도가의 조롱을 견디며 뇌물을 바치거나 돈을 빌리는 등 멸시받을 만한 일탈 행동을 한 것은 사실입니다.

왕위 후보까지 올랐던 흥선대원군은 왜 태도를 바꿔 방탕한 생활을 하기 시작한 걸까요? 이를 이해하기 위해서는 당시 조정의 상황을 살펴볼 필요가 있습니다. 왕 정조가 사망하자 열한 살이었던 그의 아들 순조가 제23대 왕으로 즉위했습니다. 그다음으로는 순조의 손자 헌종이 여덟 살의 나이로 즉위했지요. 상황이 이러하니 왕권은 약해졌고 왕실과 혼인 관계를 맺은 안동 김씨, 풍양 조씨 같은 가문이 권력을 독점하고 나랏일을 좌지우지했습니다. 세도 가문들이 정치의 주류로 나선 세도 정치가 시작된 것입니다.

그러니 당시에는 왕족이 똑똑하다는 말을 듣는 게 좋은 일만은 아니었습니다. 안동 김씨를 중심으로 한 세력이 왕족들을 끊임없이 의심하고 감시했어요. 그들은 종친들을 감시하고 경계하면서 방해되는 종친이 있으면 죄를 씌워 유배 보내고 심지어 목숨을 빼앗기도 했지요. 종친 중 누군가가 왕이 되면 안동 김씨의 세력을 꺾을 수 있다고 여겼기 때문입니다.

흥선대원군은 혹시라도 자신이 세도가의 표적이 될까 봐 미리 방탕한 행동을 하면서 권력에 욕심이 없다는 걸 보여준 것입니다. 이렇게 흥선대원군은 안동 김씨의 눈 밖에 나지 않기 위해 철저하게 몸을 낮춥니다. 그의 이런 전략은 과연 통했을까요? 안동 김씨는 난봉꾼으로 보이는 흥선대원군을 전혀 경계하지 않았습니다.

비록 최종적으로 왕이 되지는 못했으나 이때 흥선대원군은 남몰래 이런 기대를 품었을지 모릅니다.

'직계 혈통은 이미 끊긴 상황이니 나도 언젠가는 왕이 될 수 있지 않을까?'

그러면서 마음을 들키지 않기 위해 더욱 행동을 조심했을 것입니다.

철종의 후계자로
아들을 올리기 위한 계책

철종이 즉위한 지 14년이 지난 1863년 겨울, 흥선대원군이 그토록 기다리던 일생일대의 기회가 찾아옵니다. 철종의 건강 상태가 심상치 않다는 소식이 궁궐에 퍼지기 시작한 것이지요. 당시 위독한 철종에게는 큰 문제가 있었습니다. 철종 역시 대를 이을 후계자가 없었던 거예요. 철종이 위중하다는 소식에 안동 김씨 가문은 매우 분주해졌습니다. 가문을 비호해 줄 왕을 찾아야 했으니까요.

그런데 이때 안동 김씨 못지않게 날카로운 눈빛으로 상황을 주시하고 있는 인물이 있었습니다. 누구였을지 예상이 가지요? 맞습니다. 종친부에서 일하고 있던 흥선대원군입니다. 그는 철종의 소식을 듣고 이번 기회에 자신의 아들을 왕으로 만들어야겠다고 결심했습니다.

여기서 한 가지 의문이 생기는데요. 왜 흥선대원군은 자신이 왕이 되지 않고 아들을 왕으로 만들려고 했을까요? 그때 흥선대원군은 나이가 너무 많았어요. 서른세 살이었던 철종보다도 무려 열 살이 많은 마흔세 살이었기 때문에 왕위 후보에 오를 수 없는 게 당연했습니다. 그래서 자신의 아들 중 한 명을 왕위에 올려야겠다고 결심한 것이지요.

흥선대원군은 먼저 궁궐 안의 궁녀와 환관을 포섭해 궁궐 상황을 염탐했습니다. 그리고 아주 은밀하게 왕실의 최고 어른이자 헌종의 어머니인 신정왕후를 찾아갔어요. 결국 철종이 후계자 없이 승하하면 다음 후계자는 왕실의 최고 어른인 신정왕후가 결정해야 했거든요. 그래서 흥선대원군은 신정왕후에게 이런 말을 전했습니다.

　이는 절대로 안동 김씨가 철종의 후계자를 정하게 하면 안 된다
는 말이었어요. 사실 조선 후기에는 안동 김씨와 함께 조정을 쥐락
펴락한 세도가가 하나 더 있었는데요. 안동 김씨가 세운 철종이 왕
이 되면서 권력 싸움에서 지고 있던 풍양 조씨 가문입니다. 신정왕
후가 바로 이 풍양 조씨였지요. 그리고 흥선대원군이 신정왕후를
찾아간 이유는 또 있었습니다.

　이 말은 곧 '나에게 좋은 계책이 있으니 안동 김씨를 막으려면
손을 잡자'라는 뜻이었지요. 흥선대원군이 전한 계책은 과연 무엇
이었을까요?
　자신의 아들을 신정왕후의 양자로 들이라는 것이었습니다. 신
정왕후는 남편 효명세자가 죽은 후 아들 헌종까지도 일찍 죽은 상
황이었습니다. 따라서 이 계획은 신정왕후도 솔깃할 수밖에 없는

것이었어요. 종친인 흥선대원군의 아들 중 한 명을 양자로 들이면 효명세자의 대를 이을 수 있고 양자로 들인 아들이 왕이 되면 자신은 다시 한 번 왕의 어머니로서 권력을 누릴 수 있는 일거양득의 제안이었으니까요.

당시 흥선대원군에게는 적자인 아들이 두 명 있었습니다. 첫째 이재면과 둘째 이명복입니다. 이 두 사람 중 철종의 뒤를 이어 다음 왕인 고종이 된 아들은 누구였을까요? 당연히 장남인 이재면이었을까요? 놀랍게도 둘째 아들 이명복이었습니다. 흥선대원군은 왜 둘째 아들을 선택했을까요?

흥선대원군이 둘째 아들을 밀어준 데에는 분명한 이유가 있었습니다. 첫째 아들 이재면은 이미 열아홉 살의 성인으로 관직 생활을 하고 있었습니다. 이재면이 왕이 된다면 신정왕후가 수렴청정할 수 없었지요. 또 흥선대원군도 이미 성인이 된 아들의 뒤에서 권력을 갖고 정치에 개입하기 쉽지 않을 테고요. 반면 둘째 아들 이명복은 당시 열두 살이었습니다. 아직 어린 둘째가 왕이 되면 신정왕후의 수렴청정도, 흥선대원군의 정치 개입도 가능한 상황이었습니다.

신정왕후는 암묵적으로 그의 계획에 동의합니다. 비주류 왕실 종친으로 태어나 조정이 돌아가는 판을 예민하게 파악해야만 살아남을 수 있었던 시대에 흥선대원군의 정치는 이제 생존의 기술을 넘어 승자의 전략으로 나아가기 시작했습니다.

홍선대원군이 물 밑에서 바쁘게 움직이고 있던 그해 12월 8일, 조선에 서글픈 곡소리가 울려 퍼졌습니다. 결국 철종이 사망하고 만 것입니다. 그리고 이날 일사천리로 홍선대원군의 둘째 아들 이명복이 조선의 제26대 왕 고종으로 즉위합니다. 철종이 죽은 바로 그날 고종이 궁궐에 입궐했고, 신정왕후는 고종의 손을 잡고 이렇게 선언했어요.

"나의 아들이다!"

이 말은 곧 '고종이 이제 나의 아들이 됐으니 어린 고종을 대신해 내가 수렴청정하겠다'는 뜻이었지요. 즉, 신정왕후가 직접 정사를 돌보겠다는 말이었습니다. 홍선대원군과 신정왕후의 밀약이 현실이 된 순간입니다.

이때 안동 김씨는 가만히 있었을까요? 안동 김씨 측에서도 또 종친들 측에서도 크게 반발하지 않았습니다. 홍선대원군은 종친부에서 일하며 신뢰와 지지를 얻은 상황이었고 그는 안동 김씨와도 생각보다 잘 지내고 있었습니다. 게다가 홍선대원군이 신정왕후에게 제안한 방법은 헌종이 죽고 안동 김씨가 철종을 왕위에 올린 방법과 똑같았습니다. 그 당시 안동 김씨도 철종을 순조의 양자로 들여 순조의 왕비이자 안동 김씨였던 순원왕후에게 수렴청정을 맡겼지요. 그래서 고종의 왕위 계승 방식에 항의할 명분이 없었던 것입니다.

왕의 아버지가 되어 만든
두 개의 문

고종이 즉위한 그날, 지위가 달라진 사람은 고종뿐만이 아니었습니다. 이날은 고종의 아버지 흥선군이 흥선대원군이 되어 조선역사의 전면에 등장한 순간입니다. '대원군'은 왕이 후사 없이 죽어 종친 중에 왕위를 계승하게 된 경우에 새 왕의 생부에게 주어지는 작위입니다. 조선 역사에서 대원군은 총 네 명이 있었지만 살아서 대원군이 된 인물은 딱 한 명, 흥선대원군 한 사람이었습니다. 나머지는 이미 아들이 왕이 됐을 때 죽은 뒤라 추존만 되었지요.

왕족의 후손이었지만 권력의 변방을 떠돌던 흥선군 이하응은 드디어 흥선대원군이 되어 권력의 중심부로 단숨에 치고 들어옵니다. 그리고 흥선대원군의 행보에 힘을 실어준 바로 그 사람! 신정왕후가 있었지요. 흥선대원군은 사실상 왕의 아버지일 뿐 실제로 행사할 수 있는 권리나 권세는 없었습니다. 그가 했던 모든 일은 신정왕후의 승인 또는 묵인 없이는 할 수 없던 일이었어요. 흥선대원군과 신정왕후는 일종의 정치 파트너로 협력 관계를 유지했습니다.

왕실의 가장 큰 어른인 신정왕후의 전폭적인 지지를 받고 왕이 된 고종. 그의 아버지인 흥선대원군은 아들이 왕이 된 직후부터 아들 뒤에서 조선의 국정 운영을 주도하기 시작합니다. 고종은 양어

머니 신정왕후와 아버지의 비호 아래 진짜 왕이 되기 위한 공부를
해나가고 있었어요.

그런데 고종이 왕이 되고 얼마 지나지 않아 흥선대원군은 자신
의 집인 운현궁에서 아주 놀라운 일을 벌입니다. 고종과의 긴밀함,
그리고 자신의 힘을 과시하기 위해 무언가를 만든 것인데요. 과연
무엇을 만들었을까요? 그것은 운현궁과 왕이 있는 창덕궁을 잇는
'문門'이었습니다. 그런데 이 문은 하나가 아니라 두 개였어요.

두 개의 문은 '공근문'과 '경근문'으로 공근문은 흥선대원군이
궁궐에 갈 때 사용한 문, 경근문은 고종이 운현궁으로 아버지를 만
나러 올 때 쓰는 전용 문이었습니다. 자신의 사저에 왕이 지나다니
는 문을 만들다니요? 말이 안 되는 이야기로 들리지만 흥선대원군
은 그만큼 자신이 왕과 가까우며 언제든지 정치에 개입할 수 있음
을 과시하는 상징으로서 문을 만들었습니다.

흥선대원군이 이 문에 붙인 이름 또한 상당히 의미심장합니다.
문의 이름을 '공경恭敬'에서 하나씩 따서 지었는데요. 여기서 주목
해야 하는 글자는 바로 가운데 글자인 '근覲'입니다. '근'은 아랫사
람이 윗사람을 뵈러 간다는 뜻입니다.

흥선대원군은 고종의 아버지이나 공식적으로는 왕의 신하입니
다. 왕을 찾아갈 때는 아랫사람이 윗사람을 뵈러 가는 것처럼 예
의를 갖춰야 했지요. 그런데 왕이 오는 문에도 '근'을 붙였다? 이는
고종 역시 아무리 왕이라도 아버지 흥선대원군에게 올 때는 예우

를 갖추고 찾아오라는 의미가 담겨 있습니다. '나는 왕에게도 존중
받아야 할 사람'이라는 생각을 문 이름에 녹여 넣은 것입니다.

몰락한 명문가 출신을
며느리로 점찍다

운현궁과 궁궐을 잇는 일종의 핫라인까지 만든 흥선대원군은 신
정왕후의 비호 아래 마음껏 위세를 떨칩니다. 이때 흥선대원군이
보기에 탐탁지 않은 것이 있었습니다. 권세가를 중심으로 국정이
운영된 이른바 세도정치가 60여 년간 이어져 오면서 왕권이 너무
약해졌다는 것이었지요. 흥선대원군은 아들 고종의 탄탄한 미래를
위해서는 강력한 왕권이 필요하다고 판단해 우선 인사권과 군사권
을 쥐고 있는 조정의 핵심 기구 '비변사備邊司'를 폐지해 버렸습니다.

왜 갑자기 비변사를 없앴을까요? 이 비변사를 장악하고 있는 가
문이 안동 김씨였기 때문입니다. 비변사를 폐지하며 안동 김씨 가
문의 힘 빼기에 들어간 흥선대원군은 이런 생각을 하게 됩니다.

'내 손으로 직접 며느릿감을 골라야겠다!'

왜 며느리를 고르는 데 눈을 돌린 걸까요? 당시 대표적인 세도
가였던 안동 김씨와 풍양 조씨가 혼인을 통해 왕의 외척이 된 뒤
권력을 휘둘렀거든요. 그래서 외척 세력이 고종의 권위를 흔들 수

없도록 미리 싹을 잘라 버리기로 다짐한 것이었지요.

홍선대원군은 고종이 열다섯 살이 되던 해에 여흥 민씨 가문의 열여섯 살 소녀 민자영을 고종의 아내로 결정합니다. 민자영은 훗날 그 유명한 명성황후가 되는 인물이지요. 홍선대원군이 민자영을 고른 가장 큰 이유는 '집안'이었습니다. 대원군의 아버지인 남연군도 여흥 민씨 집안과 결혼했고 홍선대원군의 아내 역시 여흥 민씨였어요. 자신과 아주 가까운 집안이었던 것입니다.

여흥 민씨 집안과 몇 대에 걸쳐 사돈을 맺으면 여흥 민씨가 또 다른 세도 가문이 되지 않을까 우려해 부모님과 형제들이 모두 일찍 죽어서 무남독녀로 자란 민자영을 선택하는 치밀함까지 보였습니다. 민자영을 며느리로 들이면 외척으로 권력을 탐할 사람이 없다고 생각한 것이지요.

왕권을 강화하고
민심을 사로잡은 묘수

홍선대원군이 왕권 강화를 위해 그다음으로 한 일은 경복궁 재건이었습니다.

"실추된 왕실의 권위를 높이고 나라의 기풍을 바로잡기 위한 일이다."

경복궁을 오늘날 우리가 보는 모습으로 복원한 사람이 바로 흥선대원군입니다. 당시 경복궁은 임진왜란 때 불탄 뒤, 270년 넘게 폐허로 남아 있었어요. 흥선대원군은 경복궁을 복구하며 왕권의 위상을 보여 줄 수 있도록 기존에 정도전이 지었던 것보다 더 크게 중건했습니다.

흥선대원군은 경복궁 중건 사업으로 두 가지 목표를 이루고자 했어요. 하나는 왕권을 강화하는 것이고 또 하나는 지지 세력을 확보하는 것이었습니다. 종친은 명예직일 뿐 공식 관직을 맡을 수 없었는데 경복궁 중건 사업을 확장하며 막대한 예산과 인력을 종친에게 맡겨 공사를 총괄하게 했지요.

그런데 경복궁 중건 공사가 한창 진행되던 어느 날, 치명적인 문제가 생깁니다. 경복궁 주변의 민가에 보상비도 줘야 했고 대규모 토목공사의 자재비와 인건비까지 더해져 공사 비용이 천문학적 규모로 늘어난 것입니다. 흥선대원군은 이 사태를 보며 어떤 방책을 내놓았을까요?

그는 '당백전當百錢'이라는 화폐를 만들었습니다. 당백전은 당시 사용하던 화폐 상평통보보다 100배 비싼 고액권이었습니다. 흥선대원군은 당백전으로 경복궁 중건에 필요한 자재를 사들였어요. 그런데 이 당백전은 조선의 경제를 요동치게 만들었습니다. 갑작스러운 고액권의 등장으로 화폐 가치는 폭락하고 물가는 폭등하는 인플레이션이 발생하고 말았지요.

'땡전 한 푼 없다!' 이런 말을 들어
본 적 있지요? 여기서 땡전이 바로 당
백전에서 유래된 말입니다. 당시 사람
들은 돈의 가치를 크게 떨어뜨린 당
백전을 '땡전', '땡돈'이라 불렀고 그때
사용되던 말이 지금까지 이어져 온 것
입니다. 이 말은 곧 '가치가 땅에 떨어
진 당백전조차 없다', '아무것도 가진
게 없다'는 뜻입니다. 인플레이션이
지속되니 살기가 힘들어진 백성들의

당백전 한국민족문화대백과사전 제공

원성이 하늘을 찔렀고 결국 흥선대원군은 6개월 만에 당백전 유통
을 전면 금지해야만 했습니다.

1868년 7월, 우여곡절 끝에 경복궁이 완성됩니다. 하지만 경복
궁 중건이 끝난 뒤에도 흥선대원군은 크나큰 고민에 빠집니다. 경
복궁 중건에 예상보다 너무 많은 돈을 썼기 때문이었어요. 흥선대
원군은 나라의 예산을 줄이고 바닥난 민심을 되돌리기 위해 회심
의 카드를 꺼냈습니다. '서원'을 없애기로 결심한 것입니다.

서원은 유학의 발전에 기여한 유학자들에게 제사를 지낸 공간
이자 선비들이 모여 공부하던 곳입니다. 일종의 지방 교육기관이
었지요. 그런데 흥선대원군은 왜 서원을 없애려 했을까요? 당시에
는 서원을 관리하는 비용을 나라에서 지원해 주었는데요. 서원의

겸재 정선의 〈경복궁도〉 임진왜란 때 불에 타 폐허가 된 경복궁의 모습을 확인할 수 있다. 흥선대원군은 막대한 비용을 들여 파괴된 경복궁을 재건했다. 이 재건으로 오늘날 우리가 보는 거대한 규모의 경복궁이 완성되었다. 고려대학교 박물관 제공.

수가 너무 많이 늘어나 대략 600개 이상이었고 그만큼 나라에서 지원해야 하는 비용도 엄청났습니다.

그리고 서원의 유생들이 지역의 농민들을 상대로 고리대금업이나 제사 비용을 징수하는 등 불법적인 일을 저지르고 있었기 때문에 서원을 없애 나가는 돈도 줄이고 민심도 찾는, 꿩 먹고 알도 먹는 작전이었지요.

"나라님이 바뀌니 세상이 바뀌었다!"

이 작전이 통하면서 흥선대원군의 인기는 날로 높아졌습니다.

화친은 곧 매국이다!
선포된 통상수교거부정책

하지만 승승장구하던 흥선대원군의 행보에 제대로 제동을 건 사건이 터집니다. 흥선대원군이 국내 단속에 힘을 쓰고 있던 사이 나라 밖에서 조선을 위협하는 사건이 닥쳐온 것입니다. 1866년 10월 프랑스 함대가 강화도로 쳐들어온 사건, '병인양요丙寅洋擾'로 흥선대원군은 물론이고 조선 조정의 대신들과 백성들 모두 혼란에 빠지고 만 것이었지요.

프랑스는 왜 조선에 쳐들어왔을까요? 그 시작은 프랑스가 아닌 러시아였습니다. 당시 러시아는 2차 아편 전쟁으로 세력이 약해진 청나라와 베이징 조약을 맺고 연해주 땅을 차지했습니다. 이로써 조선과 러시아는 두만강을 사이에 두고 국경을 맞대게 되었지요. 그 뒤 러시아는 강력한 남하 정책 펼치며 자주 두만강을 넘어와 통상을 요구했습니다.

이러한 러시아의 행동에 대원군과 조정은 당황했습니다. 이때 흥선대원군은 위기에서 벗어날 방법을 생각해냅니다. 다른 서양 세력인 프랑스에 도움을 요청하기로 결심하고 프랑스 선교사에게 은밀하게 편지를 보냈습니다.

"만약 러시아인의 침입을 막아준다면 천주교의 자유를 허락하 겠다!"

잘 알려진 '쇄국정책' 때문에 흥선대원군이 서양을 싫어했다고 만 생각하기 쉬운데요. 사실 흥선대원군은 처음에는 적을 이용해 또 다른 적을 제압하는 '이이제이以夷制夷' 전략을 펼쳤습니다.

당시 프랑스 선교사들은 천주교 포교를 위해 조선에서 비밀리 에 활동하고 있었어요. 그러나 프랑스 선교사는 "정치 문제에는 개 입할 수 없다"라며 분명한 거절 의사를 밝혔습니다.

연이어 일어난 외세의 침략에 백성들의 걱정은 날로 커져만 갔 고 흥선대원군이 프랑스와 교섭했었다는 사실이 새어나가기까지 했습니다. 이 소문을 들은 백성들은 '흥선대원군이 서양과 내통하 는 것 아니냐'면서 불신하기 시작했어요. 이로 인해 왕실의 권위는 바닥에 떨어지고 흥선대원군에게도 최악의 위기가 닥칩니다.

이에 흥선대원군은 조선 역사상 전례를 찾아보기 힘든 엄격한 종교 탄압을 명령했어요. '병인박해丙寅迫害'로 알려진 대규모의 천 주교 탄압이었습니다. 이 탄압은 1866년부터 1871년까지 이어졌 고 이 기간 동안 프랑스 선교사 9명과 약 8,000여 명의 천주교 신자가 처형되었어요.

이 탄압을 문제 삼아 약 6개월 뒤 프랑스가 쳐들어온 것입니다. 흥선대원군의 잘못된 판단이 큰 부메랑이 되어 날아온 것이지요. 문제는 프랑스가 끝이 아니었습니다. 병인양요가 일어나기 직전인 같은 해 7월, 미국의 상선 제너럴셔먼호도 통상을 요구하며 조선을 침략해 왔습니다. 조선 땅에 들어온 제너럴셔먼호 선원들은 조선인 관리를 납치하고 민간인을 죽이는 만행을 저질렀고 분노한 평양 시민들이 미국 상선을 불태운 일이 일어났습니다. 미국은 이에 대한 책임을 물으며 함대를 보내 조선을 침략했습니다. 이 사건이 바로 1871년에 일어난 신미양요입니다.

흥선대원군은 이 상황을 타파하기 위한 정책을 발표합니다. 우리가 쇄국정책으로 알고 있는 '통상수교거부정책'입니다.

"화친은 곧 매국이다!"

서양과 절대 교류하지 않겠다고 선언한 것입니다. 흥선대원군이 통상수교거부정책을 통해 노린 것은 세 가지나 되었는데요. 첫 번째 목표는 서양과 내통했다는 의심을 제거하는 것이었고 두 번째 목표는 조선 백성들에게 경각심을 불러일으켜 지도자와 함께 똘똘 뭉치지 않으면 나라를 잃을 수 있다는 위험을 알리며 결속력을 강화해 자신의 지지율을 올리는 것이었습니다. 세 번째 목표는 흥선대원군의 가장 중요한 지지 세력인 종친들이 자리 잡은 군대의 영향력을 키우는 일이었습니다. 서양과의 전투로 군대의 힘이 커지면 자연스럽게 종친들도 힘을 키울 수 있었으니까요.

그렇다면 이 통상수교거부정책이 선포된 이후 조선의 상황은 나아졌을까요? 거짓말처럼 서양 배들의 침략이 줄어들었습니다. 사실 당시 서양은 조선을 본격적으로 침략하려 하진 않았고 그저 청나라나 일본과의 교역을 위한 창구 정도로 생각한 조선과 오랜 기간 전쟁을 하면서까지 교역할 필요는 없다고 여긴 것이지요.

하지만 이 사실을 알 리 없는 백성들은 흥선대원군의 통상수교 거부정책 덕분에 서양 세력의 침략이 줄어들었다고 믿을 수밖에 없었습니다. 그 결과 흥선대원군의 지지율은 또다시 쭉쭉 올라갔어요. 국제 정세를 정확히 알 길이 없었던 백성들은 흥선대원군을 조선에 닥친 위협을 막아낸 영웅처럼 느끼지 않았을까요?

나라 안은 파격적인 개혁으로, 밖은 문을 꼭꼭 걸어 잠그는 통상수교거부정책으로 권력을 확 휘어잡은 흥선대원군은 '왕 위의 왕'으로 불릴 정도로 고종의 뒤에서 막강한 권력을 휘둘렀습니다.

10년 천하의 끝
반격이 시작되다

시간은 흘러 어느덧 고종이 재위한 지 10년이 되었습니다. 그런데 이때 흥선대원군을 충격에 빠트린 사건이 일어납니다. 아들 고종이 흥선대원군의 뜻을 거스르고 독단적으로 일을 벌였거든요. 고종은 왕과 왕비의 개인 재산인 내탕금으로 경복궁 안에 독립 공간인 '건청궁乾淸宮'을 만들었어요. 궁 안에 있는 또 다른 궁, 왕과 왕비만의 공간을 만든 것입니다. 이게 무슨 의미였을까요?

'더 이상 아버지의 간섭을 받기 싫다!'

고종이 아버지 흥선대원군의 간섭이 날로 심해지니 건청궁 설립을 통해 흥선대원군의 섭정에 불만이 있다는 걸 은연중에 드러낸 것이었어요. 20대가 되면서 슬슬 정치에 눈을 뜬 그는 흥선대원군에게 권력이 집중되는 것을 경계하기 시작했지요.

하지만 흥선대원군은 크게 걱정하지 않았습니다. 왕 위의 왕으로 군림하며 기세가 등등하니 그 누구도 자신을 건드릴 순 없을 것이라고 자신했으니까요. 그러나 곧이어 흥선대원군이 지금까지 힘겹게 일궈온 권력을 산산조각 내는 사건이 벌어집니다.

> "종친의 반열에 속하는 사람은 그 지위만 높여주고 후한 녹봉을 줄 것이며 나라의 정사에 관여하지 못하게 하소서."
>
> 《고종실록》 10권, 고종 10년(1873) 11월 3일

누군가 흥선대원군을 '종친의 반열에 속하는 사람'이라 지칭하면서 정면으로 비판하는 상소를 올린 것입니다. 상소를 올린 주인공은 왕의 비서인 승지 중 가장 말단 동부승지로 갓 임명된 최익현

이라는 인물이었습니다. 상소의 전체 내용을 요약해 보면 공식적인 직책도 없는 오직 국왕의 생부에 불과한 대원군이 대체 왜 국정에 참여하냐는 이의 제기였습니다. 덧붙여 흥선대원군의 정책까지 요목조목 비판했어요.

"10년 동안 이어진 그의 정책은 실패했고 흥선대원군이 정사를 맡는 건 옳지 않습니다."

최익현이 쓴 문제의 상소문을 본 고종은 어떻게 반응했을까요?

"이 상소는 실로 충성스러운 마음에서 나온 것이다. 만약 다른 논의를 하는 자가 있다면 소인임을 면치 못할 것이다!"

최익현의 상소문이 자신을 향한 충성심에서 나온 말이라며 칭찬했어요. 흥선대원군에 대한 반발심을 대놓고 드러내기 시작한 것입니다. 흥선대원군은 이때도 가만히 있었을까요? 그는 별다른 반응을 보이지 않았어요. 자신과 고종이 갈등을 벌이고 있다는 사실이 알려지는 것 자체가 자신의 권력 남용을 인정하는 꼴이었기 때문입니다. 분명 마음속에 불만은 있었겠지만 그것을 행동으로 드러내지는 않았습니다. 그 대신 흥선대원군을 지지하는 신

최익현 초상 국립중앙박물관 제공

하들을 부추겨 최익현을 처벌해야 한다고 주장하는 상소를 올리게 했지요.

조선 조정 논란의 중심이 된 최익현 사건의 끝은 신하들의 압박을 의식한 고종이 최익현을 '국문하는 척' 시늉하고 제주도로 유배 보내는 가벼운 형벌로 마무리되었습니다. 이에 신하들이 거세게 반발했지만 고종은 요지부동이었지요. 오히려 고종은 항의하는 신하들을 모두 파직시켜 버리거나 유배 보내고 최익현을 적극적으로 보호했습니다.

그러나 이것이 끝이 아니었습니다. 또다시 흥선대원군의 가슴이 철렁 내려앉는 일이 벌어집니다. 고종이 친정 선언을 한 것입니다.

"이제부터 내가 직접 정치를 하겠다!"

아버지 흥선대원군에게 그만 정치 일선에서 물러나라고 뜻을 전한 셈이었지요. 요즘으로 치면 일종의 권고사직입니다.

고종의 친정 선포는 큰 의미가 있습니다. 《고종실록》에 따르면 '내가 직접 기무를 총괄한다', 즉 '내가 직접 정치를 한다'라고 적혀 있습니다. 사실 이것은 매우 무서운 말이기도 했는데요. 조선에서 왕이 직접 정치하지 않는 경우는 딱 두 가지였습니다. 하나는 왕이 너무 어려서 왕의 어머니나 할머니가 수렴청정하는 것, 또 하나는 왕이 너무 나이가 많거나 아파서 세자가 대리청정하는 경우지요.

이 두 경우가 아닌데 왕이 아닌 누군가가 나서서 정치를 하는 것 자체가 이미 반역에 해당하는 것입니다. 고종의 친정 선포가 어

고종 어진 국립중앙박물관 제공

떤 의미인지 이제 알겠나요? "지금까지 내 아버지가 반역을 저질러왔다!" 이렇게 선언하는 것과 다름없었습니다.

이어서 고종은 또 하나 충격적인 조치를 감행했습니다. 흥선대원군과 자신을 이어줬던 창덕궁의 전용문을 폐쇄해 버린 것입니다. 흥선대원군은 슬슬 불안한 마음이 들지 않았을까요? 그런데 참 의아합니다. 흥선대원군은 고종의 충격적인 친정 선포에도 아무런 반응을 보이지 않았어요. 그렇게 고종이 아버지와의 대립에서 승리한 듯 보였습니다.

흥선대원군의 끝나지 않은 무언의 시위

그런데 흥선대원군이 정권 일선에서 물러나고 고종이 친정을 시작한 지 얼마 되지 않은 1873년 12월, 야심한 밤에 궁궐을 발칵 뒤집은 사건이 벌어집니다. 궁궐 안에서 커다란 폭음이 울려 퍼졌어요. 왕이 사는 경복궁에 화재가 일어난 것입니다. 그리고 이틀 뒤, 충격적인 상소 하나가 올라왔습니다.

> "효의 도리란 부모의 뜻을 잘 받드는 것이 최고입니다. 그제 화재의 경보는 참으로 작은 일이 아닙니다. 재앙은 이유 없이 생겨나지 않으니 어찌 재앙을 그칠 방도를 생각하지 않겠습니까?"
>
> 《승정원일기》

말속에 뼈가 가득한 이 상소에는 불이 난 이유가 바로 고종이 아버지 흥선대원군에게 불효했기 때문이라고 지적하려는 의도가 담겨 있었습니다. 효를 거스른다는 건 조선에서는 왕이 폐위될 수도 있는 엄청난 일이었습니다. 이미 조선 왕조에는 '불효'를 이유로 폐위된 두 명의 임금이 있었습니다. 바로 연산군과 광해군이지요. 이 상소는 효를 행하지 않는 고종이 임금으로서 자질이 없다고 이야기하는 것과 다를 바 없었습니다.

상소를 받은 고종은 상소를 올린 신하를 유배 보내버렸어요.

"벌레 같은 무리는 사람으로 보고 책망할 수도 없다!"

이로써 아버지 흥선대원군과의 '완전한 단절'을 선언한 것입니다. 이 사건 이후 흥선대원군은 지금의 경기도 의정부 일대인 고향 양주로 가버립니다. 이제 흥선대원군은 정치에 손을 떼기로 결심한 걸까요? 아니었습니다. 오히려 그 반대였어요. 양주로 떠난 것은 일종의 정치적 행동이었습니다. 겉으로만 보면 불효한 왕이 아버지를 양주로 쫓아낸 모양새였기 때문입니다. 조정 대신들을 향한 일종의 신호기도 했고요. 자신이 양주에 가 있으면 대신들이 나서서 고종에게 자신을 서울로 다시 불러야 한다는 청을 할 것이라는 계산 끝에 벌인 일이었습니다.

양주에 간 이후에도 흥선대원군은 권력의 중심으로 돌아오기 위한 노력을 멈추지 않았습니다. 하지만 흥선대원군이 시도한 모든 계획은 결과적으로 실패하고 맙니다. 흥선대원군의 예상과는 달리 아무도 나서지 않았기 때문입니다. 이때는 고종의 친정 의지가 너무나 확고해서 신하들도 고종의 눈치를 보는 상황이었습니다. 10여 년의 시간 동안 쌓아온 흥선대원군의 영향력은 더 이상 조선 조정에 남아 있지 않았습니다.

이후 권좌에서 물러난 흥선대원군은 아들 고종을 폐위시킬 결심까지 하며 여러 차례 정변을 일으켰으나 모두 실패하고 맙니다. 그리고 1898년 2월, 쓸쓸히 세상을 떠났습니다. 고종은 흥선대원군의 장례식에 참석조차 하지 않았어요.

세도정치의 폐해가 극에 달한 때에 집권한 흥선대원군은 당파를 초월해 인재를 등용하고, 백성의 삶을 힘들게 한 서원을 철폐하는 등 개혁정치로 평가받을 만한 중요한 일을 해내기도 했습니다. 권력을 다룰 줄 알았기에 여러 세력과 균형을 이루며 오랜 시간 섭정에 성공할 수 있었지요. 그러나 아들 고종이 직접 정치를 하도록 도와야 했던 시점에도 왕 위의 왕으로 군림하고자 욕심을 부리다가 개혁정치가로 일군 공적을 스스로 깎아내리고 말았습니다. 그런 그의 욕심은 고종이 기습적으로 친정을 선포해 아버지 흥선대원군을 강제로 은퇴하게 만드는 계기가 되었습니다.

직접 정치를 펼치기 시작한 고종은 그로부터 3년 뒤, 1876년 일본과 강화도조약을 체결하며 조선의 항구를 개방합니다. 개항 후 조선은 청나라, 일본, 러시아 등 열강의 간섭과 침략에 시달리다가 결국 1910년 일제에 국권을 침탈당하며 막을 내리게 되었습니다. 과거로부터 아무것도 배우지 못한 역사가 가장 실패한 역사라는 말이 있습니다. 피폐했던 조선 후기에 필요했던 개혁정치가의 면모를 보이다가 왕실 권위 회복에 집착하며 스스로 몰락의 길로 향한 흥선대원군. 그의 이야기를 끝으로 500년 역사의 조선 이야기를 마칩니다.

벌거벗은 한국사 조선편

초판 1쇄 인쇄	2024년 3월 6일
초판 4쇄 발행	2024년 12월 23일

지은이	**tvN** STORY 〈벌거벗은 한국사〉 제작팀
	계승범, 김범, 송웅섭, 윤석호, 이규철, 최태성, 한희숙, 홍문기

책임편집	여인영
구성	김민영
디자인	*studio* weme
마케팅	최지은
제작	357제작소
일러스트	스튜디오 쥬쥬베, 스튜디오 마치, 김효니, 조재철

펴낸이	임경진, 권영선
펴낸곳	㈜프런트페이지
출판등록	2022년 2월 3일 제2022-000020호
주소	경기도 파주시 회동길 37-20, 304호
전화	070-8666-6190(편집), 031-942-0203(영업)
팩스	070-7966-3022
메일	book@frontpage.co.kr
인스타그램	instagram.com/frontpage_books
네이버 포스트	https://post.naver.com/frontpage_book

ISBN   979-11-93401-09-5 (04910)